쓰면 이루어지는
꿈 수첩

쓰면 이루어지는
꿈 수첩

초판 1쇄 발행 2016년 10월 27일

지은이 한만오
펴낸이 백미옥
펴낸곳 리더북스
출판등록 2004년 10월 15일(제2004-106호)
주소 경기도 고양시 덕양구 지도로 84, 506호(토당동, 영빌딩)
전화 031)971-2691
팩스 031)971-2692
이메일 leaderbooks@hanmail.net

ISBN 978-89-91435-79-7 04190
ISBN 978-89-91435-76-6 (세트)

잘못 만들어진 책은 구입하신 서점에서 교환해 드립니다.

날마다 상상하고 쓰면서
꿈을 이루어가는 훈련
쓰면 이루어지는
꿈 수첩
한만오 지음
리더북스

머리말

날마다 비전을 성취하는 삶

사람이란 자신의 의지로 태어나지 않는다. 그러나 삶을 가꾸고 이끌어가는 것은 그 누구도 아닌 '나'이다. 소중한 내 인생을 책임지는 것은 바로 '나'인 것이다. 한 번뿐인 소중한 내 인생을 이왕이면 멋지게 살아야 하지 않을까. 가슴을 뛰게 하는 자신의 꿈을 가지고 그 꿈을 이룰 때 사람은 사람답게 살게 된다.

그런데 우리는 어느 순간 꿈과 비전, 삶의 목적을 잃어버렸다. 처음 비전을 세우고 꿈을 꾸면서 가졌던 열정으로부터 멀어졌다. 마음을 나누고 뜻을 함께했던 사람들과의 관계도 깨져버렸다. 그리고 하는 일의 장래가 불투명하여 걱정과 근심에 사로잡혀 있다. "난 성공하기 틀렸어"라고 말하면서 종종 좌절하고 절망에 빠진다. 삶에 지친 나머지 보잘것없고 불행한 인생을 어쩔 수 없이 받아들이며 하루하루

힘겹게 살아가고 있다.

아리스토텔레스는 이렇게 말했다. "희망은 잠자고 있지 않는 인간의 꿈이다. 꿈이 있는 한 이 세상은 도전해볼 만하다. 어떠한 일이 있더라도 꿈을 잃지 마라. 꿈은 희망을 버리지 않는 사람에게 선물로 주어진다."

우리는 이 책에서 꿈과 비전이라는 단어를 많이 보게 될 것이다. 꿈과 비전은 무엇이고 목표는 또 무엇인가. 비전(Vision)은 '내다보이는 장래의 상황', '앞날에 대한 전망' 등을 말한다. 비전과 가장 흡사한 단어가 꿈인데, 꿈(Dream)은 '실현하고 싶은 희망이나 이상'을 뜻한다. 비전과 또 헷갈리는 단어가 목표인데, 목표(Objective)는 '어떤 목적을 이루려고 지향하는 실제적 대상'을 말한다. 추상적인 말들의 나열이라서 뜬구름 잡는 말들 같고 서로 혼동해서 사용하기도 하지만 이 단어들은 엄밀한 차이가 있다.

비전은 꿈과 의지가 포함되어 있는 미래의 모습을 이미지화한 것이다. 비전이란 미래에 달성하기를 원하는 이상적인 목표이며 미래에 다가올 현실이다. 비전은 꿈을 얘기하는 것일 수 있지만 목표는 그 꿈을 이루기 위한 구체적인 길이라고 할 수 있다. 다시 말하자면 비전은 꿈과 목표 사이에 있으면서 꿈과 목표보다 크다. 즉 비전이란 큰 꿈을 꾸고, 그 꿈을 명백하게 구체적으로 목표화해서 실행하는 것이다.

여행을 떠날 때 분명한 목적지를 정하듯이 꿈의 설계도를 구체적으로 그려보자. 아무런 의미 없이 하루하루 똑같은 삶을 반복하지 마

라. 영원히 살 것처럼 꿈을 꾸고, 내일 죽을 것처럼 오늘을 살자.

비전의 가치와 그것을 일구는 법을 아는 사람은 누구보다 지혜롭고 현명하며 강하다. 과거의 어느 날 조심스레 품었던 작은 꿈 씨앗이 주렁주렁 송이가 되고, 아름찬 나무가 되고, 그곳에 당신의 애정과 지혜가 보태져 상상 이상의 수확이 될 것이다. 그것은 첫 번째 비전의 실현이다.

당신이 이루어낸 이 첫 번째 비전을 당신 것이라고 자랑할 권리가 있다. 그것을 송이째 먹어 버릴 수도 있고, 반짝이는 생각을 보태 또 다른 비전으로 키워 갈 수도 있다. 이왕이면 당신이 비전 너머 비전을 새로이 꿈꾸길 바란다. 비전이 이루어졌다고 그것이 끝이 아니다. '비전을 이룬 다음에 무엇을 할 것인가? 어떤 사람이 될 것인가?' 등을 구체적으로 생각하고 실천해야 한다. 비전이 이루어졌다고 해서 거기에 안주하는 것은 아름다운 삶을 포기하는 것과 같다. 애써 일군 수확물이 하루 또는 몇 날 배부름으로 사라지거나 시들지 않았으면 한다. 시간의 흐름에 따라 숙성하며 가치를 더해 향기로운 업적이 되었으면 좋겠다. 비전 너머 비전을 꿈꾸는 당신에게서 흘러나올 향기가 오래오래 세상을 이롭게 했으면 좋겠다. 우리가 함께 나눈 이야기 속에서 언급된 큰 비전과 성공을 얻을 당신의 내일이 진심으로 기대된다.

이 책은 하루에 몇 줄씩 정리해둔 원고를 재구성하여 만든 것이다. 책 한 권을 쓰겠다고 목표를 정한 후에 나는 매일 A4 반 장 분량의 원고를 썼다. 이렇게 숫자 목표를 손으로 직접 적어두면 더욱 강력한 힘을 발휘한다. 손으로 쓰는 목표는 머리 안에 있는 목표를 실현하기 위한 예행연습이 되기 때문이다. 가장 적은 수고를 들여 가장 큰 효과를 내는 것은 바로 손으로 기록하는 습관이다. 목표를 적은 종이를 지갑에 넣고 다니거나 책상머리에 붙여두면 더욱 탁월한 효과를 낸다.

아직도 덧칠하고 싶은 원고의 마지막 장을 덮으며, 한결같이 옆에서 용기와 희망을 잃지 않도록 격려해주는 아내와 딸에게 애정과 감사를 전하고 싶다. 또한 여러 다른 모양과 방법으로 격려해준 소중한 분들에게 깊은 고마움을 전한다. 그리고 이 모든 일은 오직 하나님의 은혜로 된 일임을 고백한다.

차례

3장

비전과 목표관리

4장

인격이 비전이다

5장

좋은 습관은 비전을 여는 열쇠다

6장

좋은 향기가 나는 말을 하라

7장

비전과 지식 관리

8장

시간관리가 안 되면 비전을 이룰 수 없다

9장

인간관계가 모든 것을 결정한다

10장

비전과 건강관리

11장

실패는 성공으로 가는 징검다리다

1장

꿈이 나를 응원할 것이다

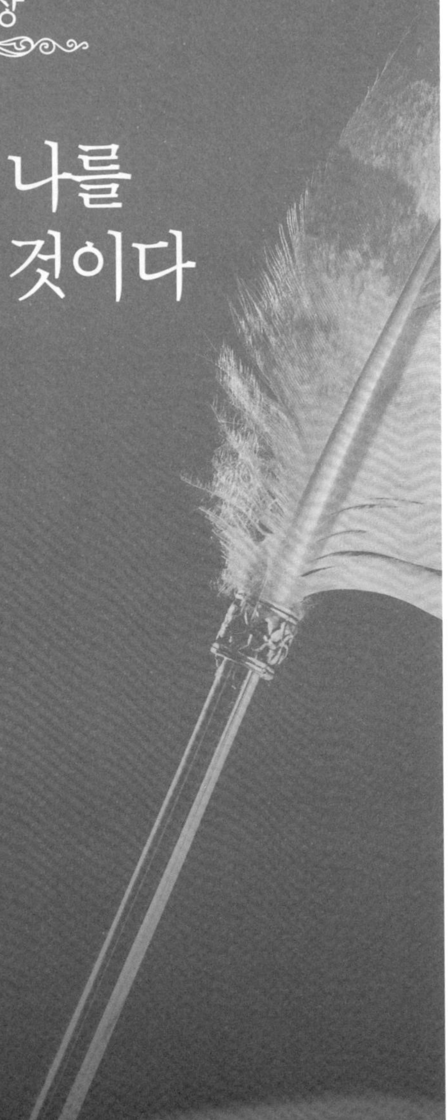

자신감을 갖게 된다면 자신의 꿈과 열정에 따라 자신이 그려왔던 삶에 도달하게 되고 예상치도 못했던 성공을 만나게 될 것이다.
-헨리 데이비드 소로

날마다 기적이 일어나는 삶

내가 헛되이 보낸 하루는 어제 죽어간 이들이 그토록 바라던 하루이다.
단 하루 사이에 모든 것을 멸망시킬 수도 있고 다시 소생시킬 수도 있다.
–소포클레스

'메멘토 모리(memento mori)'라는 라틴어가 있다. 이 말은 '너의 죽음을 기억하라'는 뜻이다. 죽음을 기억한다면 자기가 살아가야 하는 진정한 삶도 알 수 있게 될 것이다.

25년 전 나는 가까스로 목숨을 건진 일이 있다. 교사 초년 시절에 있었던 일이다. 나는 학교에서 학생들을 가르치고 밤에는 야학 교사로 봉사하고 있었다. 그날도 밤늦도록 야학에서 수업을 하고 집으로 걸어가던 중이었다. 좁은 골목길로 들어섰는데 왠지 모르게 등골이 섬뜩했다. 등 뒤에서 인기척이 느껴져 돌아보았더니 젊은 사내 셋이 내 뒤를 따라오고 있었다. 어둠 속에서 마주친 그들의 눈초리는 살벌했다. 그 중 한 사내가 험악한 표정을 지으며 돈을 내놓으라고 으름장을 놓았다.

그들은 우악스러운 손으로 내 턱을 잡고 바지 뒷주머니와 양복 안주머니를 뒤지기 시작했다. 버스비가 없어 걸어가고 있던 터라 내 지갑에는 천 원짜리 한 장도 없었다. 돈이 없는 것을 확인한 그들은 "재수 옴 붙었다"며 내 정강이를 걷어차고 주먹으로 머리를 후려쳤다.

나는 그들에게서 도망가려고 필사적으로 버둥거렸지만 헛일이었다. 온힘을 다해 저항해 보았지만 역부족이었다. 제발 살려달라고, 제발 도와달라고 목청껏 소리를 질렀지만 아무 소용이 없었다. 자정이 가까운 시간이라 주택과 상가에는 불이 꺼지고 인기척 하나 들리지 않았다. 설령 지나가는 사람이 있었다고 해도 보복이 두려워 선뜻 나서지 못했을 것이다.

그들은 내 가슴과 등, 배를 인정사정없이 구둣발로 걷어찼다. 몸을 가누지 못할 정도로 심하게 두들겨 맞은 나는 의식이 혼미하게 흔들리는 것을 느꼈다. 그런 중에 '예사가 아니구나' 하는 불길한 예감이 스쳐 지나갔다. 아니나 다를까. 어둠 속에서 퍼런 서슬의 칼날이 섬뜩 비쳤다. 나는 강도가 휘두른 칼에 찔린 채 길바닥에 쓰러졌다. 나에게는 더 이상 대항할 힘도, 살려달라고 소리칠 힘도 남아 있지 않았다. 칼에 찔린 자리에 핏물이 배어났다.

'이렇게 죽는구나' 하고 체념할 때였다. 순간 어디선가 구둣발 소리가 뚜벅뚜벅 들려오는 것 같았다. 인기척이 느껴지자 젊은 사내 셋은 내 얼굴에 침을 퉤 뱉으며 유유히 사라졌다. 내 상태는 말이 아니었다. 밀쳐서 벽에 부딪힌 머리에서는 피가 흐르고, 통증이 느껴지는 배와 옆구리를 만져보니 뜨겁고 붉은 피가 철철 흘러넘치고 있었다. "이봐요, 괜찮아요? 정신 차리세요!" 나는 희미하게 들리는 누군가의 소리를 들으며 정신을 잃었다.

시간이 얼마나 흘렀는지, 정신을 차려보니 병원 중환자실에 누워 있었다. 나중에 들은 얘기지만 나는 심한 출혈로 오랫동안 혼수상태에 있었다고 한다. 어머니는 수술실에 들어간 아들 걱정을 하며 "내 아들을 살려 주세요" 하며 하나님께 간절히 부르짖었다고 한다. 하나님은 어머니의 눈에서 피눈물이 나지 않도록 내 생명을 거두지 않으셨다.

뭔가를 다시 시작하고 싶어도 너무 늦은 것 같아 꿈마저 시들해졌을 무렵, 나는 운명처럼 예기치 않은 사건에 휘말렸다. 강도가 휘두른 칼에 찔려 간신히 죽을 고비를 넘긴 후에야 '오늘은 두 번 다시 오지 않는다'는 것을 뼛속 깊이 실감했다. 하나님은 그 사건 이후 나를 목적이 이끄는 삶으로 인도해 주셨다. 이 사건은 그야말로 내 운명의 갈림길이었다.

나는 살아 있다는 것 자체가 축복이란 것을 알게 되었다. 장애를 극복한 세계적인 물리학자 스티븐 호킹 박사는 말했다. "사람의 기대가 '0'으로 줄어들었을 때 그 사람은 자기가 가진 모든 것을 진심으로 감사한게 된다." 나 역시 열심히 산다고 살았지만 죽을 고비를 넘긴 후에 이 말을 더 깊이 이해할 수 있었다. '오늘'이란 날은 두 번 다시 오지 않는다. '지금까지 어떻게 살았는가?'는 아무 상관이 없었다. '앞으로 어떻게 살 것인가?' 내게는 오직 그것만이 중요했다.

그 후로 나는 날마다 기적이 일어나는 삶을 살고 있다. 나는 아침에 눈을 뜨면 가슴에 손을 얹고 이렇게 말한다.

"오늘도 귀한 생명을 주셔서 감사합니다."

"오늘도 즐겁게 웃으며 건강하게 살겠습니다."

"오늘 하루도 사람들을 기쁘게 하고 세상에 보탬이 되겠습니다."

그러고 나면 신선한 공기를 들이마시며 학교로 향하는 출근길이 즐겁다. 강단에서 학생들을 가르치는 일이 더없이 감사하다. 누구 하나 빠짐없이 사랑스럽고 하루하루가 가슴 뛰는 시간으로 다가온다.

우리는 한 번밖에 살지 못한다. 두 번 살 수 있다면 한 번은 연습처럼 살겠지만 한 번밖에 살 수 없으니 살아있는 동안 참으로 행복하게 살아야 한다. 삶이 소중하기에 오늘이 마지막 날인 듯 최선을 다해 살고 지금이 생애 최고의 순간인 듯 행복해야 한다.

만약 당신이 지금 삶의 의미를 잃어가고 있다면 꿈을 잃어버린 것이다. 꿈은 젊은 사람들만 꾸는 것이 아니다. 나이 든 사람에게도 늘 꿈은 필요하다. 꿈은 그 자체로 소중하다. 당신의 몸 한가운데서 뛰고 있는 심장처럼 가슴속에 꿈이 팔딱거리며 숨 쉬고 있어야 한다.

'내 인생을 걸어도 좋을 만큼 행복한 일인가?'라는 질문에 답할 수 있는 것을 나는 꿈이라고 부르고 싶다. 꿈은 먼저 상상하고 쓰고 말해야 한다. 간절한 꿈일수록 더욱 더 확실하고 선명하게 상상하고 쓰고 말해야 한다. 그렇게 하면 그 꿈은 반드시 이루어진다. 당신이 어떤 꿈을 꾸든 꿈이 당신을 이끌어가기 때문이다.

지금 자신의 처지가 마음에 들지 않는가? 마음속 깊은 곳에서 진정으로 원하는 꿈이 무엇인지 찾아보라. 꿈을 꾸고 자신이 꿈꾸는 일을 이루기 위해 열심히 사는 것이 성공이고 행복이다. 지금 당신의 마음을 채우고 있는 꿈은 무엇인가? 그 꿈을 이루기 위해 무엇을 하고 있는가? 그 꿈을 이룬 다음에는 무엇을 하고 싶은가?

당신의 꿈은 무엇인가?

장님으로 태어난 것보다 더 불행한 사람이 있다. 시력은 있으되 비전이 없는 사람이다.
–헬렌 켈러

내가 어렸을 적에 우리 집은 형편이 어려웠다. 나는 학교 수업을 마치면 노점에서 장사를 하시는 부모님에게 달려가곤 했다. 그런 나에게 부모님은 무더운 여름에는 부채질을 해주셨고, 매서운 찬바람이 쌩쌩 부는 추운 겨울날에는 얼어붙은 뺨과 손을 어루만져 주시며 "사랑스런 내 새끼" 하고 반겨 주셨다. 문득문득 돌아가신 부모님 생각이 더욱 간절해진다. 힘들고 어려운 살림살이지만 가족들이 옹기종기 모여서 왁자지껄 떠들던 따뜻한 방도 그리워진다.

내 부모님은 초등학교도 제대로 졸업하지 못했다. 그런데 모든 부모가 그렇듯이 그분들은 생활력이 강했고 사랑이 넘치는 분들이었다. 아버지는 한국전쟁 때 참전하고 계속해서 직업군인으로 복무하다가 상사로 제대했다. 제대 후에 농사일도 하고 이런저런 사업을 했지만 다 실패하고 말았다. 심지어 간경화라는 병까지 생겨서 그동안 벌어 놓은 돈마저 치료비로 써야만 했다. 그래서 우리 집은 늘 가난했고 방 한 칸에 여섯 식구가 살았다.

거듭되는 실패와 질병으로 인해 먹고사는 것이 막막했던 아버지는 공사판에 나가 잡부로 일을 했다. 그런데 공사장 축대가 무너지면서 몸을 다쳤다. 다행히 큰 사고는 아니어서 생명에는 지장이 없었다. 그 사고의 보상으로 아버지는 시장의 작은 노점에서 야채 장사를 하게 되었다.

부모님이 시장에서 장사를 하는 동안 집안 살림은 나보다 네 살 위인 누나가 도맡아서 했다. 살림살이는 엉망이었고 나는 노는 데 정신이 팔려서 공부와는 담을 쌓고 살았다. 당연히 학교 성적은 늘 바닥을 면하기 어려웠다. 그런 내가 어떻게 대학 교수가 될 수 있었을까?

나는 반복해서 생각하고 되뇌면 이루어지는 것이 꿈이라고 생각한다. 지금도 나는 '꿈', '비전'이라는 말만 들어도 가슴이 뛴다. 나는 지금도 꿈 수첩을 펼쳐서 눈을 반짝이며 이루고 싶은 꿈을 써 내려간다. 하나님이 주신 꿈을 꾸고 그 꿈을 간절히 기도하면, 그 꿈을 쓰는 대로 이루어진다는 진리를 알고 있기 때문이다. 이 책에서 계속 다루겠지만 꿈과 비전의 힘은 실로 엄청나다.

그러나 비전을 가지라는 말을 수없이 많이 접하고 있는 젊은이들은 정작 "당신의 꿈과 비전은 무엇입니까?"라는 질문을 던지면 난색을

표하는 경우가 허다하다. 지금 한창 꿈을 먹고살아야 될 젊은이들인데 말이다. 안타까운 일이다. 그들은 자신의 꿈과 비전에 대해 진지하게 생각해보지 않았기에 비전은 추상적인 수준에 머물러 있다.

나는 새 학기 첫날 강의를 시작하면서 학생들에게 이런 질문을 한다.

"당신의 꿈은 무엇입니까?"

학생들은 첫 강의 시간에 이 말을 듣고 무척 난감해하고 당황하는 기색이 역력하다. 학생들은 '꿈이라고? 무슨 꿈? 장래희망?' 이런 생각을 하면서 서로 눈빛을 주고받으며 소곤거린다. 이때 나는 "맨 뒤 학생부터 순서대로 일어나 간단히 자기 꿈에 대해 얘기해 봅시다"라고 말한다. 그러면 학생들은 일순간 입을 조개처럼 꽉 닫아버린다.

지명을 받은 뒷자리 남학생이 느릿느릿 자리에서 일어나 이렇게 말한다. "저는… 음… 사회복지사가 되고 싶습니다." 그 학생은 더듬더듬 말을 하고 내 표정을 살핀다. 내가 웃으며 고개를 끄덕이면 휴 소리를 내며 털썩 자리에 앉는다. 첫 번째 학생의 대답을 듣고 질문의 요지를 알게 된 나머지 학생들은 비교적 수월하게 자리에서 일어나 말하기 시작한다.

"저는 교사가 되고 싶습니다."

"저는 아직 꿈이 없습니다."

"저는 요리사가 되고 싶습니다."

학생들 중 절반은 각종 직업을 답으로 제시하고 나머지 절반은 머리만 긁적이다 "아직 정하지 못했습니다"라고 대답한다.

그런 다음 나는 두 번째 질문을 한다. "그럼 그 꿈을 이루기 위해서 지금까지 한 일과 앞으로 해야 할 일에 대해서 얘기해 볼까요? 이번에는 맨 앞에 앉은 학생부터 말해 봅시다."

예상한 대로 학생들의 대답은 각양각색이다. "그 꿈을 이루기 위해 대학에 왔습니다"라고 말하는 학생이 있는가 하면 "그게… 아직… 생각해 보지 못했습니다"라고 말하는 학생들도 많다. 어떤 학생은 "저, 교수님, 그게 그렇게 중요합니까?" 하며 반문을 하기도 한다. 순간 학생들의 표정에서 '꿈이 뭐 대수라고 강의 첫 시간부터 유난을 떠십니까?' 하는 생각을 읽을 수 있다. 그것은 내가 예상했던 반응이다. 왜냐하면 나는 학생들을 가르치면서 이런 반응에 익숙하기 때문이다. 이전 학기에도 나는 학생들에게 똑같은 질문을 했고 학생들은 비슷한 반응을 보이면서 똑같은 반문을 했다.

첫 강의 시간에 스승과 제자가 인사를 나누고 화기애애한 시간을 보내면 얼마나 좋은가. 그것은 생각만 해도 아름다운 풍경이며 나 역시 부드럽고 따뜻한 분위기에서 강의를 하고 싶은 마음이 간절하다. 그런데 나는 학생들의 볼멘 표정을 보면서도 매 학기 첫 시간마다 이 질문을 빼놓지 않고 한다. 왜냐하면 정말로 꿈이 대수이기 때문이다!

자신의 꿈을 발견하는 것은 매우 중요한 일이다. 아직 구체적인 비전을 세우지 못한 사람이라도 마음속을 들여다보면 꿈 하나씩은 가지고 있다. 어릴 적에 막연하게 꾸었던 꿈부터 열 살을 넘기고 성년을 지나 지금까지 상상하고 이루어지기를 바랐던 꿈들이 사라지지 않은 채로 있다. 그것은 생각이나 마음 깊은 곳에 주렁주렁 맺혀 제법 큰 포도송이가 되어 있다. 꿈을 이루기 위해서는 먼저 '꿈 포도나무'를 찾는 것이 중요하다. 일상에 치여 언젠가부터 깊은 곳으로 숨어버린 꿈을 찾기 위해서는 시간과 인내, 그리고 노력이 필요하다. 그러나 많은 사람들이 그 포도나무를 찾는 방법을 모른다는 이유로, '지금은 바쁘다'는 핑계로 꿈을 찾지 못한 채 살아가고 있다.

나는 꿈이 없다고 말하고, 꿈은 있는데 그것을 이루는 방법을 몰라서 고민하는 사람들에게 그 꿈을 찾는 법을 알려주고 싶다. 꿈을 찾은 다음 그 속에서 비전을 찾아내고, 비전을 이루기 위해서는 어떻게 해야 하는지를 말해주고 싶다. 더 나아가 꿈을 찾은 사람에게 그 꿈을 이룬 다음에 무엇을 해야 하는지도 알려주고 싶다. 그것이 내가 강의를 하고 책을 쓰는 목적이며 바람이다.

그래서 나는 매 학기 첫 강의 시간에 꿋꿋하게 '비전 리스트'를 학생들에게 나누어 준다. 첫 시간부터 숙제를 받아든 학생들은 입을 삐죽 내밀고 이마를 향해 '푸푸' 입바람을 불어 올린다. 3월이라 꽃샘추위가 기승인데도 학생들은 어째 열들이 나는 모양이다. 나는 조용히 자신의 미래를 상상하며 한 글자씩 또박또박 비전 리스트를 적어 내려가는 모습을 보고 있으면 콧노래가 절로 난다. 그러면서 이런 생각을 한다. '그래 열 받아라. 이왕이면 펄펄 끓어라. 단, 그걸 쓰면서 발견한 비전으로 열 받아라. 제대로 열을 받아서 펄펄 끓어라! 그 기운

으로 삶을 바꾸고 세상을 움직여라! 파이팅이다!'

이 세상에서 가장 불행한 사람은 꿈이 없는 사람이다. 꿈이 없는 사람은 온전한 행복도 인생의 의미도 얻을 수 없다. 그러나 소중한 꿈이 있는 사람은 행복하다. 자기의 비전을 발견하고 하루하루 최고의 삶을 사는 사람이야말로 행복한 사람이다.

자기 비전을 발견한 사람은 행복하다

삶은 멋진 선물이다. 거기에 사소한 것은 아무것도 없다.
–플로렌스 나이팅게일

우리 부부는 세상에 하나밖에 없는 소중한 딸을 두었다. 그 딸을 얻기 전에 아내는 세 번의 유산을 했다. 아내의 건강에는 아무런 문제가 없었는데 이상하게도 임신만 하면 8주를 넘기지 못하고 유산이 되었다.

우리 부부는 유명한 산부인과 병원을 찾아갔는데 '습관성 유산'이라는 진단을 받았다. 나는 아내의 건강이 걱정되어 아이를 포기하자고 말했지만 아내는 하나님께 의지하여 더 열심히 기도를 했다.

아내는 세 번의 유산 끝에 또 임신을 했다. "과연 태아가 8주를 잘 견딜 수 있을까?" 우리는 마음 한구석으로 염려하면서도 태아가 건강하게 태어나기를 간절히 기도했다. 정성이 지극하면 하늘도 감동한다고 했던가. 태아는 8주를 무사히 넘겼다.

그런데 임신 10주가 되었을 무렵 의사에게 청천벽력 같은 말을 듣게 되었다.

"심장 박동이 약해요. 초음파상으로도 확인할 수 없네요."

그날 밤 우리 부부는 절규하면서 피눈물의 기도를 했다. "하나님, 아이를 제발 살려주세요."

우리는 다음 날 아침 일찍 병원에 다시 찾아갔다. 의사는 초음파 검사를 하고는 고개를 갸웃거렸다. 그리고 이렇게 말했다. "태아의 심장 박동 소리가 요란한대요." 그 말을 들은 아내의 볼에는 눈물이 흐르고 있었다. 그것은 기적 같은 일이었다. 그 이후에 태아는 다행히 아무런 문제가 없었다. 그리고 수술을 통해 몸무게가 2.36킬로그램인 아주 작은 아기가 태어났다. 감사하게도 아기는 작게 태어났지만 건강하게 자라주었다. 지금까지 한 번도 병원 신세를 진 적이 없다. 이 아이가 세상에서 가장 소중한 딸 하연이다.

'하연'이란 이름은 '하나님과 연애하는 사람이 되거라'라는 뜻으로 지은 것이다. 하나님과 연애하는 것처럼 하나님과 사람들을 사랑하는 사람이 되었으면 하는 바람을 담아서 이름을 지었다.

하연이는 초등학교 5학년 때 나와 함께 미국 유학을 떠났다. 내가 공부를 다 마치고 귀국할 때 혼자서 공부를 더 하고 싶다고 해서 미국에 남아 계속 공부를 했다. 그런데 하연이는 비전이 명확하지 않았다. 하연이는 사춘기에 접어들면서부터 '꿈' 얘기를 거의 하지 않았다. 우리 부부는 딸의 꿈에 갈채를 보내고 싶었지만 좀처럼 딸의 입은 열리지 않았다.

종종 우리 부부는 딸에게 이렇게 물어보곤 했다. "하연아! 너는 무슨 일을 하고 싶어?", "너는 어떤 사람이 되고 싶어?"

그러면 내 딸은 "아직 생각중이야. 결정하지 못했어"라고 대답했다. 딸이 무심코 던진 말을 듣고 아내는 걱정을 많이 했지만 나는 딸이 스스로 자신만의 비전을 찾을 것이라고 믿었다.

하연이는 자신의 꿈을 일곱 살 철부지 아이처럼 떠들기에는 이미 신중해져 있었던 것이다. 한편으로는 세상에 대한 두려움도 있었을 것이다. 나는 지체하지 않고 딸에게 편지를 썼다.

사랑하는 하연아,

아빠는 죽는 날까지 꿈꾸기를 포기하지 않을 거란다.

매일 꿈을 꾸어라. 꿈꾸지 않는 사람은 아무것도 이룰 수 없단다.

꿈에는 한계가 없다. 마음껏 꿈꿔라. 꿈을 꾸면 최고의 인생을 살 수 있다.

'비록 새우잠을 자더라도 고래 꿈을 꾸어야 한다'는 말이 있지?

꿈은 모든 조건을 극복하고 성취할 수 있도록 만든단다.

꿈은 기쁨이고 능력이다.

청소년기의 학생들은 자신의 앞날에 대해 진지하게 고민하지 않고 공부에만 몰두한다. 일단 좋은 대학에 들어가는 것이 그들의 목표다. 대학에 들어가서도 꿈 없이 살아가긴 마찬가지다. 어려운 취업난을 뚫고 좋은 회사에 들어가기 위해 치열한 경쟁을 한다. 그사이 꿈은 점점 희미해져만 간다. 그리고 대부분의 사람들은 나이를 먹어가면서 자신의 꿈과는 거리가 먼 삶을 살게 된다.

내 딸뿐만 아니라 지금 비전이 없는 많은 젊은이들도 어느 순간 스스로 자신만의 비전을 찾을 것이라고 믿어 의심치 않는다. "지금 꿈이 없어도 괜찮다." 나는 이 책을 통해 많은 사람들이 자신의 비전을 발견하고 나태와 게으름으로부터 변화될 것이라 믿고 이 글을 쓰고 있다.

우리는 성공하고 행복하기 위해 태어났다. 생활에 찌들고 틀에 박힌 일상을 살기 위해 태어난 사람은 아무도 없다. 그런데 왜 많은 사람들이 행복을 누리지 못하고 살까? 그것은 스스로 더 나은 삶의 권리를 포기하고 자신의 가난이나 불행을 당연한 현실로 받아들이기 때문이다. 우리는 성공과 행복의 권리가 나에게 있다는 것을 인식한다면 자신이 원하는 삶을 얼마든지 누릴 수 있다.

성공과 실패, 행복과 불행은 외부에서 오는 것이 아니라 우리의 마음속에 이미 결정되어 있다. 따라서 성공하고 행복하기를 바란다면 당신의 마음이 긍정적인 요소들로 채워지도록 해야 한다. 이것은 선택과 노력으로 가능하다. 이러한 변화를 만들어내는 힘은 바로 당신 자신에게 있다.

누군가 "이 세상에서 가장 불행한 사람은 어떤 사람인가?"라고 묻는다면 나는 주저하지 않고 "꿈이 없는 사람이다"라고 말할 것이다.

실제로 꿈과 행복은 매우 밀접한 관계를 맺고 있다.

나는 학생들에게 '비전 리스트'를 나누어주고 그것을 쓰도록 할 때 가장 행복하다. 어떤 학생들은 "왜 비전 리스트를 작성해야 합니까?"라고 볼멘소리를 하는데, 나는 그때마다 몇 가지 얘기를 해준다. 그것은 다음과 같다.

비전은 희망을 준다

비전은 인생에 소망과 희망을 공급해주는 비타민과 같다. 비전은 낙심하여 희망이 없는 사람에게 동기부여와 용기를 주는 연료이다.

비전은 인생의 방향을 바꾼다

새처럼 날고 싶다는 꿈이 라이트 형제의 인생의 방향을 바꾸어 놓았고, 소프트웨어에 대한 비전이 빌 게이츠의 미래를 바꾸어 놓았다.

비전은 인생의 목적을 이루는 열쇠다

비전은 인간을 움직이게 하는 일차적인 동기다. 비전은 인생의 본질이다. 비전을 가질 때 우리는 인생이라는 경주를 하는 방법과 완주하는 법을 알게 된다. 비전의 힘은 인생을 움직이게 하는 원동력이자 인생의 목적을 이룰 수 있는 가장 중요한 열쇠다.

비전은 인간의 한계를 허문다

존 웨슬리는 "나의 사명이 다하는 날까지 나는 불멸할 것이다"라고 했다. 그가 인간의 한계를 초월하여 사명을 완수할 수 있게 만든 것은 바로 하나님께서 그에게 주신 비전의 힘이었다. 비전은 인간으로 하여금 한계를 넘어 초월적인 능력을 발휘할 수 있도록 힘을 공급해준다.

비전은 생명력을 불어넣어 준다

비전은 죽어가는 사람에게 다시 살아야 하는 목적과 소망을 불어넣어 생명력을 갖게 한다. 그래서 비전의 사람은 소망과 희망을 가지고 살아간다. 비전이 없는 사람은 살아있으나 죽은 사람이다. 발타자르 그라시안의 말을 기억하라. "꿈을 품어라. 꿈이 없는 사람은 아무런 생명력도 없는 인형과 같다."

비전은 인생의 길잡이다

비전은 인생의 방향을 잡아주는 중요한 역할을 한다. 비전은 자신이 누구인지, 자신이 지금 어디로 가고 있는지, 자신의 최종 목적지가 어디인지를 가르쳐주고 안내해준다.

비전은 인생의 진정한 의미를 가르쳐준다

인생의 진정한 의미와 목표를 찾는 것은 행복한 삶의 첫 단추를 끼우는 것과 같다. 공자는 이렇게 말했다. "우리가 원하는 삶을 살지 못하는 이유는 능력이 부족하거나 기회가 없어서가 아니라, 뜻을 세우지 않고 올바른 삶의 의미를 찾지 못했기 때문이다." 비전을 가지면 인생을 살아야 할 목적과 올바른 삶의 의미를 찾을 수 있다.

꿈은 설계도이고, 언어는 꿈의 문을 여는 열쇠이며, 행동은 꿈의 설계도에 맞춰 지은 건축물이다. 지금 소중한 꿈을 설계하는 순간 굳게 닫힌 미래의 문이 열리고 수많은 창조적 방법들이 당신을 성공의 길로 안내해줄 것이다.

★비전 리스트 작성하기★

○○○의 비전 리스트

자신 발견하기

이 름:

가족관계:

자기소개:

이루고 싶은 일 베스트 10

1. ____________________
2. ____________________
3. ____________________
4. ____________________
5. ____________________
6. ____________________
7. ____________________
8. ____________________
9. ____________________
10. ____________________

가보고 싶은 곳 베스트 10

1.

2.

3.

4.

5.

6.

7.

8.

9.

10.

갖고 싶은 것 베스트 10

1.

2.

3.

4.

5.

6.

7.

8.

9.

10.

미래에 갖고 싶은 직업

바라는 직업을 갖기 위해 필요한 준비

조용한 공간에서 눈을 감고 당신의 꿈을 찾는데 집중해보라. 자신이 무엇을 정말 좋아하는지, 무엇에 열광하는지 스스로에게 물어보고, 자신의 열정의 대상이 무엇인지를 파악해야한다.

백지에 '○○○의 비전 리스트'라고 큰 제목을 붙이고 당신의 꿈을 하나씩 적어보라. 그것을 작성하다 보면 자신의 새로운 면을 발견하게 될 것이다. 그리고 '나도 할 수 있다'는 희망과 가능성도 느끼게 될 것이다. 또한 이런 노력은 반드시 보상을 받게 될 것이다. 성공과 행복이라는 보상 말이다.

꿈 포도나무를 당신 것으로 만들어라

사람은 비전 없이 세상을 살아가서는 안 된다. 인간은 자기 나름의 목표를 정하고 착실하게 살아가야 한다. 아무런 비전 없이 그날그날을 산다면 동물과 다를 바가 없다.
—알베르 카뮈

나는 두 번째 강의 시간에는 학생들이 각자 작성해 온 '비전 리스트'를 발표하는 시간을 갖는다. 진지하게 꿈 얘기를 하는 시간이어서 학생들은 대부분 어색해하고 부끄러워한다. 하지만 자기가 가보고 싶은 곳, 갖고 싶은 것을 얘기하는 순서가 되면 점점 활기를 띤다. 생각만 해도 설레는 주제라 절로 신이 나는 모양이다. 어떤 남학생이 '갖고 싶은 것' 목록에 김태희를 언급하자 학생들은 폭소를 터뜨린다. 그러나 진로와 관련된 질문이 나오면 다시 진지해지고 장래의 직업과 미래에 대한 준비 얘기가 나오면 분주하게 메모를 한다.

학생들은 같은 전공을 선택했지만 판이하게 다른 직업을 꿈꾸는 다른 학생의 말에 귀를 기울인다. 그냥 취업이 잘될 것 같아서 선택한 학부가 다른 학생에게는 십 년 동안 고대해온 것이라는 말을 듣고 자기의 앞날에 대해 진지하게 생각하기 시작한다. 그쯤 되면 학생들의 표정이나 자세, 마음이 변하고 있다는 것을 느낄 수 있다.

강의 시간에 나와 학생들은 마음 깊숙한 곳에 숨어 있던 각자의 '꿈 포도나무'를 감상하느라 시간 가는 줄을 모른다. 두 번째 강의가 끝나면 학생들은 '비전 리스트'를 발표하고 나누며 큰 도전을 받았다고 나에게 말한다.

당신은 누군가로부터 "당신의 꿈은 무엇인가요?"라는 질문을 받으면 뭐라고 대답하는가? "요즘 행복하세요?"라는 질문에는 어떻게 대답하는가? 혹시 "사는 게 다 그렇죠 뭐", "매일 아침 출근할 생각을 하면 한숨이 저절로 나와요", "되는 일도 없고 뭘 어떻게 해야 좋을지 모르겠어요"라고 대답하지는 않는가?

그렇다면 이제 당신 차례다. 비전 리스트를 작성한 다음에 가족 또는 친구, 직장 동료와 나누어 보길 바란다. 당신의 비전을 선포하기만 해도 좋다. 그러면 '꿈 포도나무'는 완전히 당신 것이 된다. 당신은 그것을 발견했고 그것이 당신 것임을 선포했다. 그다음에는 무엇을 해야 할까? 초보 농부인 당신에게 필요한 정보를 찾아야 한다. 당신이 손에 쥔 나무의 가치가 얼마나 되는지, 그것을 어떻게 가꿔야 하는지, 수확한 열매로는 무엇을 할 수 있는지 알아내야 한다. 그것은 간단하지 않은 과정이지만 걱정할 필요는 없다. 이제부터 내가 하려는 얘기가 그 과정에 필요한 모든 것들이기 때문이다. 당신은 그저 실천하고

자 하는 의지만 넉넉히 준비하면 된다.

머리로 아는 것은 지금 즉시 행동으로 옮겨야 한다. 아는 것을 행하지 않거나 미루는 것은 우리를 옛 습관에 묶어놓는 올가미이다. 당신이 작성한 비전 리스트를 삶에 적용하고 습관화하기 위해서는 즉각적인 결단들이 필요하다. 주저하지 말고 행동으로 옮겨야 한다. 머뭇거리고 보류하는 것은 자신의 꿈을 망상으로 만들 뿐이다. 행동하는데 머뭇거리지 말고 확신을 가지고 움직여 나가야 한다. 행동하지 않는 이상 머릿속에 있는 지식은 무용지물이다.

비전을 이루게 하는 질문들

성공의 비결은 비전을 향해 시종일관하는 것이다. 한 가지 비전을 버리지 않고 계속 지켜 나간다면 반드시 싹이 틀 때가 온다.
–벤저민 디즈레일리

비전은 인생의 내비게이션과 같다. 비전 그 자체가 인생의 목적과 목표가 되며 삶의 방향을 잡아주는 역할을 한다. 또한 비전은 보이지 않는 미래를 볼 수 있는 능력이다. 비전은 자신이 누구이고, 어디로 가고 있으며, 그 종착역이 어디인지를 알게 해준다. 그러므로 비전을 통하여 그 사람의 미래를 상상할 수 있다. 그래서 비전을 '바람직한 미래상'이라고 한다.

그러나 비전이 없는 사람은 인생의 방향이나 목표, 목적지가 없는 사람과 같다. 비전이 있는 사람과 비전이 없는 사람의 차이는 살아가면서 장애물을 만났을 때 극명해진다. 비전이 있는 사람은 장애물을 반드시 넘어간다. 그래야만 목표를 이룰 수 있다는 것을 알기 때문이다. “비전이란 우리들이 계속 앞으로 나아가도록 해주는 것이다”라고 했던 앤드루 매튜스의 말처럼 비전의 확신은 장애물을 극복할 수 있는 힘을 가져다준다. 그러나 비전이 없는 사람은 장애물 앞에서 머물거나 후퇴하거나 포기하게 된다.

부끄럽지만 내 얘기를 해야겠다. 나는 대학에 다닐 때 확실한 비전이 없었다. 내가 누구이고 어디로 가야 하는지 가늠할 수 없었다. 목표 없이 학교에 다니다보니 공부를 제대로 하지 않았다. 대학교 1학년 1학기 때의 나의 학점은 1.71이었다. 학사 경고 학점이 1.70이었으니 겨우 학사 경고를 면한 셈이다. 대부분의 과목 학점이 C나 D였고, 영어는 F학점이었다. 2학기 때에도 별반 다르지 않았다. 내 평균 학점은 2.0을 넘지 못했다. 공부를 잘하고 싶었지만 공부하는 습관이 몸에 배어 있지 않았다. 2학년 때에는 마음잡고 공부를 했지만 이상하게도 학점은 좋아지지 않았다. 2학년 1학기를 마치고 여름방학 기간 동안 곰곰이 나의 미래에 대해서 생각해 보았다. 딱히 잡히는 것이 없었다. 그래서 현실을 도피하듯 학교에 휴학계를 내고 군에 입대했다.

군 복무를 마치고 제대를 한 뒤에도 나는 확실한 비전이 없었다. 대학교 3학년을 마치고 막연히 하고 싶었던 신문사 기자가 되기 위해 일 년간 휴학을 하면서 시험을 준비했다. 독서실에서 총무 일을 하면서 독학으로 공부를 했지만 특히 영어와 논술 실력이 뒷받침되지 않아 결국 포기하고 말았다. 그 당시의 나의 생각과 계획은 충동적이었고 즉흥적이었다. 현실적으로 신중하게 생각하고 나의 능력과 적성 등을 고려하여 기자가 되기로 결정한 것이 아니라, 단지 먹고살기 위해 신문사의 사회부 기자가 되고 싶었을 뿐이었다. 이것은 나만의 확실한 비전이 없었기 때문에 벌어진 일이었고 목표의식이 없었던 결과였다.

나는 일 년이라는 시간을 흘려보내고 다시 4학년에 복학했다. 확실한 비전이 없었던 나는 또다시 흔들리기 시작했다. '나는 과연 무엇을 해야 하나?'

나는 상업교육학을 전공했으나 교사가 되는 길이 보이지 않아서 이미 포기하고 있었다. 그러던 중에 경기도 부평에 있는 한 여자상업고등학교에 교생 실습을 나가게 되었다. 우연히 교실 복도에서 다리를 약간 저는 과학 선생님과 얘기를 하게 되었는데 그분은 인자해 보였고 이해심이 많았으며 사람들에게 호감을 주는 인상이었다. 그분은 식사를 하면서 이런 얘기를 들려주었다. 그 선생님의 전공은 원래 체육교육학이었고 2년 전까지는 체육 교사로 아이들을 지도했다고 한다. 나는 그분의 말씀을 듣다가 이상해서 질문했다. "그런데 어떻게 지금은 과학 선생님이 되셨어요? 그게 가능한 가요?"

그분은 나에게 이렇게 말했다. "나는 다혈질이어서 교직원 회의를 할 때도 내 뜻이 관철되지 않으면 몹시 화를 내던 사람이었네. 한마디로 트러블 메이커였지. 그런데 몇 년 전에 교통사고를 당했네. 겨우 살았지만 다리에 장애를 갖게 되었지. 이후에 나는 신앙을 갖게 되었고 학교에서 아이들을 교육하는 일을 감사한 마음으로 하고 있네. 그러자 학교에서도 나에게 많은 배려를 해주었네. 장애를 가진 사람이 체육을 가르칠 수 없으니 내가 부전공한 과학을 가르칠 수 있는 기회를 준 것이지."

그분은 아이들을 교육할 수 있는 기회를 주신 하나님께 감사하는 마음으로 학생들을 사랑과 열정으로 가르치고 있었다. 그분과의 우연한 만남을 통해 나는 교사로 사는 것에 대하여 깊이 생각하게 되었다.

비전은 의욕만으로 만들어지는 것은 아니다. 비전은 의욕보다 먼저 사명감이 있어야 한다. 사명감이 있으면 어려움이 있어도, 누가 나를 알아주지 않아도, 보수가 적어도 그 일을 하는 것이 기쁘고 행복하고 보람을 느끼고 감사가 넘친다. 비전은 사명감이 없이는 그 빛을 낼 수가 없다.

나는 대학교 4학년 때 교생 실습을 통하여 교사가 되겠다는 비전을 갖게 되었다. 그래서 얼마 남지 않은 대학생활을 오직 교사가 되기 위해서 준비하고 노력했다. 나는 기업체에서 보내오는 추천서에는 관심이 없었다.

어느 날 지도교수는 내가 걱정되었는지 "만오야, 너 취업 안 하니? 그렇게 마냥 기다리면 취업을 못할 수도 있어"라고 말씀하셨다. 물론 나를 걱정해서 해주신 충고여서 고마움을 표시하고 "저는 교사가 되고 싶습니다"라는 뜻을 확실하게 밝혔다. 지금 생각해보면 그 당시에는 무엇을 믿고 그렇게 배짱을 부렸는지 모르겠다. 그것은 아마도 하나님께 의지해 기도를 하고 있었기 때문이 아닐까 생각한다.

나는 졸업을 3일 앞두고 학과 조교로부터 전화를 받았다. 교사 추천이 들어왔으니 학과 사무실로 오라는 거였다. 나는 뛸 듯이 기쁜 마음으로 학과 사무실에 갔다. 그런데 문제가 생겼다. 내가 잘 아는 후배도 연락을 받고 사무실에 와 있었다. 조교는 이렇게 말했다. "교사 추천서는 한 장뿐인데 두 사람이 원하는 상황이니 한 사람이 양보를 해야 한다." 후배와 나는 그 말을 듣고 서로 침묵했다. 그러자 조교는 지도교수에게 전화를 했고 이런 말을 전해 주었다. "교수님께서 이번 교사 추천서는 한만오 학생 거라고 하셨네. 그 이유는 한만오 학생은 기업체의 추천서에는 관심을 두지 않고 오직 교사 추천서만 기다렸기 때문이라고 하셨네." 그러면서 조교는 나에게 교사 추천서를 주었다. 나는 후배에게 미안했다. 다행스러운 것은 그 후배도 학교를 졸업하고 교사가 되어 현재 인천의 어느 고등학교에서 학생들을 가르치고 있다.

나는 지도교수의 추천장과 이력서, 자기소개서를 들고 서울에 있는 여자상업고등학교에서 면접시험을 보았고 합격 통지를 받았다. 나는 날아가는 기분이었다. 지방대학 출신이고 학점도 낮은데 서울에 있는 고등학교에서 교사로 일하게 된 것이 믿어지지 않았다. 더욱 더 기분이 좋았던 이유는 졸업식 하루 전날에 취업이 되었기 때문이다. 나는 다음날 홀가분한 마음으로 졸업식장에 참석했는데, 그 자리에는 부모님과 함께 같은 학과 일 년 후배였던 여자 친구(지금의 사랑하는 아내)도 있었다. 부모님은 나를 자랑스럽게 여기셨다. 아들이 교사가 된 것이 마치 국회의원이 된 것처럼 생각하셨다. 그 당시에 내 여자 친구는 여고 교사로 학생들을 가르치고 있었다. 부모님은 내 여자 친구를 좋아하셨고 또한 자랑스럽게 여겼다.

내가 이 얘기를 길게 한 이유는 분명한 비전이 있고 포기하지 않고 끝까지 최선을 다하면 비전은 이루어진다는 말을 하기 위해서이다. 나는 좋은 환경에서 자라지 못했고 지방대학을 나왔으며 학점도 형편없는 사람이었다. 이렇듯 부족한 사람이 교사가 되는 과정을 통해서 당신도 '비전은 반드시 이루어진다'는 말을 확실하게 믿기를 바란다.

비전을 이루기 위해 가장 먼저 할 일은 '비전을 갖는 것'이다. 비전을 갖게 되면 그것을 이루기 위해 치러야 할 대가와 희생을 이겨낼 수 있는 열정, 인내심, 끈기, 노력, 행동력, 섬김, 성실, 봉사의 힘이 내면에서 우러나온다. 비전은 이렇듯 평범한 인생에 희망과 행복감과 만족할 수 있는 삶의 가치를 불어넣는다.

백화점 왕 존 워너메이커는 열네 살에 벽돌 공장에서 일했지만 훗날 뉴욕 한복판에 거대한 백화점을 세웠다. 그 결과는 기적이 아니라 그가 늘 강조했던 비전과 실천의 산물이었다. 그는 이렇게 말했다. "비전 없이 산다는 것은 위험한 일이다. 또한 비전이 있더라도 그것이 낮은 것이라면 역시 위태롭다. 왜냐하면 비전이 희미하거나, 비전이 있어도 낮은 것은 죄악에 가까이 서 있는 것이기 때문이다."

아무리 환경이 열악하고 능력이 없더라도 꾸준히 노력하는 사람은 반드시 비전을 이루게 된다.

니시다 후미오는《된다 된다 나는 된다》라는 책에서 꿈을 가진 사람은 머리가 좋은 사람을 이긴다고 하면서 성공한 사람들에게는 네 가지 공통점이 있다고 했다.

첫째, 원대한 꿈을 가지고 있다.

둘째, 결코 포기하지 않는 강한 열정을 지니고 있다.

셋째, 철저하게 긍정적인 사고방식으로 무장하고 있다.

넷째, 주변에 운 좋은 사람들이 몰려든다.

그런가 하면 변화심리학 연구가인 앤서니 라빈스는 세 가지 질문이 운명을 좌우한다고 했다. 그 질문은 이것이다.

어디에 관심을 둘 것인가?

그것은 내게 무엇을 의미하는가?

원하는 결과를 얻기 위해 무엇을 할 것인가?

앤서니 라빈스는 이와 함께 "나는 무엇 때문에 행복한가?", "무엇 때문에 가슴이 설레는가?", "무엇을 자랑스럽게 생각하는가?", "무엇을 감사하게 생각하는가?", "무엇을 즐기고 있는가?", "무엇을 결단하는가?", "무엇을 사랑하는가?" 같은 질문을 하면 인생에 활력을 얻는다고 했다. 하나의 가치가 생겨날 때마다 우리 존재는 새로운 의미를 하나 더 갖게 되기 때문이다.

비전을 세운 사람은 강해진다

사람을 강하게 만드는 것은 비전을 세우고 그것을 이루고자 노력하는 데 있다.
—어니스트 헤밍웨이

미국 시카고 대학의 인간계발연구소에서는 각 분야에서 큰 성공을 이룬 사람들을 선정하여 그들이 성공한 이유를 연구했다. 그 결과, 선천적으로 타고난 재능만으로 성공한 사람은 단 한 명도 없었다. 그들의 공통점은 이러했다.

첫째, 성공하겠다는 결심이 확실하게 서 있었다.

둘째, 한번 하겠다고 결심한 것은 어떤 난관이 있어도 포기하지 않는 도전정신과 추진력이 있었다.

셋째, 공부하고 배우는 일에 열정을 갖고 있었다.

넷째, 참고 견뎌내는 인내심이 무섭도록 강한 사람들이었다.

다섯째, 고난 속에서도 언제나 희망을 이야기하고, 성공이 조금 늦더라도 반드시 이루어진다는 확신에 찬 사람들이었다.

나는 이 다섯 가지 공통점을 읽고 빅터 프랭클이란 사람이 생각났다. 그는 독일의 아우슈비츠 수용소에 강제로 수용되었지만 반드시 살아남아 수용소의 잔혹함과 자신의 연구를 세상에 알리겠다는 비전을 품었다. 혹독한 육체적 학대와 죽음보다 더한 모멸감을 겪었지만 그는 끝내 살아남아 자유를 찾고 자신의 연구를 책으로 출간했다. 그가 쓴 《죽음의 수용소에서》는 수많은 언어로 번역되어 밀리언셀러가 되었다.

빅터 프랭클은 아우슈비츠에서 살아남은 생존자들을 대상으로 그들이 악조건에서도 살아남을 수 있었던 이유를 연구했다. 건강부터 생존 기술, 가족, 지능, 체력, 정신력까지 인간이 살아가는데 필요한 다양한 예상 요건들을 대입하여 얻어낸 정답은 '비전'이었다. 살아남은 사람들은 하나같이 '미래에 대한 뚜렷한 꿈과 비전'을 가지고 있었다. 비전의 힘이 최악의 환경과 조건을 견디게 한 것이다.

당신에게 힘을 주는 비전은 무엇인가? 《성경》은 "나에게 능력을 주시는 분 안에서 나는 모든 것을 할 수 있다"라고 말한다. 나에게 능력을 주시는 분이 허락한 나만의 비전이 있다면 그 비전을 이루기 위해서 우리는 어떠한 일도 할 수 있고 어떠한 장애물도 극복할 수 있는 것이다. "비전을 보는 자는 장애물을 겁내지 않는다"라고 했던 사회개혁가 한나 모어의 말을 기억하자. 비전은 모든 장애물, 위기, 실패 등을 극복하게 하여 위대한 일을 가능하게 만든다.

비전을 이루는데 방해가 되는 걸림돌

열정은 행동에 이르게 하는 매우 중요한 원천이다. 반면에 자제력은 이 행동이 그릇된 방향이 아닌 올바른 방향으로 향하도록 균형을 맞추어 준다. 사람들이 겪는 대부분의 불행은 자제력 부족으로 생겨난다.
–나폴레온 힐

자신을 통제하는 자제력은 매우 중요하다. 비전을 이루기 위해서는 자신을 통제할 수 있어야 하기 때문이다. 실패한 사람들은 대부분 자제력이 부족하여 실패한 것이다. 순간적인 자신의 감정과 행동을 자제하지 못하면 비전을 이룰 수 없다. 비전을 이루기 위해서는 인생의 크고 작은 산들을 넘어야 한다. 나는 늦은 나이에 미국에 유학을 가서 공부할 때 자제력을 잃을 뻔한 적이 있다.

나는 유학만 갔다 오면 대학 교수가 되는 줄 알고 고등학교 교사를 그만두고 유학길에 올랐다. 유학을 떠나는 날 인천공항에는 나를 송별하기 위해서 아내와 어린 딸, 그리고 홀로 된 어머니가 나왔다. 어머니의 얼굴은 수심과 걱정과 안쓰러움으로 가득했다. 어머니는 두 가지의 걱정거리를 가슴에 품고 있었던 것 같다. 하나는 아들의 건강과 옆에 두고 보지 못하는 안타까운 엄마의 심정이고, 또 하나는 남편도 없이 하루아침에 가장이 되어버린 며느리에 대한 미안한 마음이었다. 어머니는 떠나는 나의 뒷모습을 보시면서 엉엉 우셨다고 한다.

내 아내는 어머니 때문에 자신의 아쉽고 착잡한 마음을 겉으로 드러내지도 못하고 울음을 삼키고 있었다. 어린 딸 하연이는 소리 내어 울었다. 아내는 졸지에 모든 학비와 생활비를 책임져야 하는 가장이 되었고 딸에게는 아빠의 역할까지 해야 하는 처지가 되었다. 나는 늘 잔병에 시달리는 아내에게 무거운 짐을 맡긴 것이 미안해서 뒤돌아보지 않고 공항을 황급히 빠져나갔다. 뒤를 돌아보면 떠날 수가 없을 것 같았다. 눈물을 흘리고 있는 세 여인을 두고 떠나려니 발길이 떨어지지 않았기 때문이다.

그날은 정신이 없어서 세 여인의 심정을 헤아리지 못했지만 막상 미국에 도착하여 첫날 밤을 맞이하니 잠이 오지 않았다. 후회가 되기 시작했다. '어머니에게 불효를 저지른 것은 아닐까?', '아내에게 몹쓸 짓을 했나 보다', '하나밖에 없는 딸에게 평생 잊지 못할 나쁜 아빠로 남는 것은 아닐까?', '내가 과연 잘한 일인가?', '내가 무슨 덕을 보려고 생이별을 한 것인가?' 그날 밤 나는 이런저런 생각 때문에 거의 뜬 눈으로 밤을 새웠다. 그러나 주사위는 이미 던져졌다. 되돌아갈 수 없는 다리를 건너왔다. 다시 돌아가기에는 이미 늦었다. 그래서 나는 반드시 학위를 취득하여 다시 돌아가리라 결심했다.

가을 학기가 시작된 지 얼마 되지 않은 어느 날이었다. 나는 아직 학교생활에 적응하지 못한 상태에서 산더미처럼 쌓여가는 과제와 시험 등으로 우왕좌왕하고 있었다. 그때 아내로부터 긴급한 전화 한 통을 받았다. 그날따라 예감이 좋지 않았는데, 아니나 다를까 어머니께서 갑자기 쓰러져 중환자실에 입원했다는 것이었다. 아내는 내가 공부에 지장이 있을까봐 이 사실을 알려야 할지 말아야 할지 고민하다가 어쩔 수 없이 전화를 했다고 한다. 나는 가슴이 철렁 내려앉았다. 급하게 수소문하여 가장 빠른 한국행 비행기표를 구입했다. 한국으로 오는 비행기 안에서 나는 가슴이 답답하여 숨이 막힐 것만 같았다. 어머니께 씻지 못할 불효를 한 것 같은 죄인의 심정이 들었다. 공부한답시고 모든 짐을 아내에게 맡기고 아무것도 해주지 못한 한심한 가장이라는 생각도 들었다.

나는 공항에 도착하자마자 병원으로 달려갔다. 어머니의 병은 생각한 것보다 심각했다. 중환자실에서 인공호흡기를 하고 계셨고 의식이 없는 상태였다. "어머니, 어머니" 하며 아무리 불러도 대답이 없으셨다. 절망적이었다. 결국 사랑하고 존경하는 어머니는 중환자실에서 2주 만에 눈 한 번 뜨지 못하시고, 아들이 목청껏 애절하게 부르는 소리에 응답해 주지 않고 하늘나라로 떠나시고 말았다. 하늘이 무너지는 것만 같았다. '조금 더 빨리 왔어야 했는데…….' 별의별 생각을 하다 보니 어머니의 갑작스런 죽음은 내가 잘못했기 때문이라는 생각을 하기에 이르렀다. 그 순간 나는 마음속으로 다짐하고 있었다. '그래!

유학을 포기하고 돌아오자.'

내 생각과 심정을 아내에게 솔직하게 말했다. 내 말이 끝나기 무섭게 아내는 강한 어조로 말했다. "나는 당신을 믿어요. 당신이 유학을 간 것은 하나님께서 당신을 사용하시기 위해서 더 큰 곳에 가서 공부하라고 보내신 거예요. 그러니 당신 마음대로 포기할 수는 없지요. 끝까지 공부하고 오세요. 유학비와 생활비는 너무 걱정하지 마세요. 부디 건강하게 열심히 공부하고 돌아오세요."

내가 아내의 말을 듣고 "그래도 이건 아닌 것 같아"라고 하자 아내는 내가 유학을 포기하지 못하도록 사랑의 충고를 했다. "당신의 비전이 나의 비전이잖아요. 당신의 비전이 나의 모든 희망이자 나의 모든 것이에요. 당신이 이루고자 하는 '비전 너머의 비전'을 이루는 날, 나도 당신과 함께 '비전 너머의 비전'을 이룰 수 있잖아요. 꼭 당신의 비전이 이루어지길 간절히 기도할게요."

그 말을 듣고 내 뺨에는 뜨거운 눈물이 흘렀다. 아내는 말을 담대하게 했지만 사실은 마음이 아주 여린 여자였다. 아내의 눈에는 뜨거운 눈물로 가득 찼고 소리 내어 크게 울기 시작했다. 그날 우리 부부는 어머니의 죽음 때문에 울고, 더 강하고 절실해진 '비전 너머의 비전' 때문에 또 울었다. 비록 아내의 도움이 있었지만 그 당시 내 감정을 자제하지 못하고 유학을 포기했다면 어떻게 되었을까? 어머니마저 돌아가신 마당에 비전을 이루지 못했다는 사실로 나는 자책감에 빠져 살았을 것이다.

자제력은 자신의 순간적인 감정을 억제하고 자신이 처음에 생각하고 결심한 대로 행동하도록 이끈다. 인간은 자신을 통제할 수 있는 자제력이 뛰어날수록 스스로를 더 신뢰할 수 있게 된다.

우리가 비전을 이루는데 방해가 되는 걸림돌이 있다. 그것은 우리가 맛있는 포도송이를 수확하지 못하도록 방해하는 요소들과 같다. 우리가 비전을 이루는 과정에서 만나기 쉬운 열 가지 문제는 다음과 같다.

상실증후군

상실증후군은 비전을 의심하는 사람이 걸리는 병이다. 의심하면 의심할수록 비전은 희미해지고 곧 목표 없이 방황하게 된다. 만약 당신에게 지금 의심이 싹트고 있다면 '비전 리스트'를 큰소리로 읽어 예방 접종을 해야 한다.

실패의 두려움

비전을 이루기 위해서는 기꺼이 실패의 대가를 치를 각오가 되어 있어야 한다. 비전이 원대할수록 실패할 때 치러야 할 대가의 무게도 묵직해진다. 비전을 이루는 과정에서 실패의 두려움을 극복하지 못하면 당신의 비전은 반드시 실패하게 될 것이다. 실패의 대가를 각오하지 않는다면 비전도 없다.

일관성의 부족

비전을 이루기 위해서는 좌로나 우로나 치우지지 말아야 한다. 비전을 중도에 포기하거나, 주변의 환경에 따라 비전의 방향을 쉽게 바꾸어서는 안 된다.

열등감

열등감에 빠진 사람은 자기 자신을 무능하고 무가치한 존재로 여기며 무의식 속에서 자기를 부정하기도 한다. 그러다 보면 자연스럽게 자신이 비전을 이룰 수 없다고 생각하게 된다. 시작했다면 반드시 해낼 수 있다는 자신감을 가져야 한다.

고정관념

고정관념에 사로잡힌 사람은 매사에 민감한 경향을 보이고 사람들을 적대시하기도 한다. 또한 피해를 입힌 대상에 대한 집착, 융통성의 결여, 특정한 대상에 대한 계속적인 의심, 우유부단한 행동을 반복하며 윤리나 도덕성에 지나치게 집착한다.

건강치 못한 자아상

자아상은 자신의 역할이나 존재에 대하여 가지는 생각을 의미한다. 건강하지 못한 자아상을 가지고 있는 사람은 자기의 존재 가치를 가볍게 여기는 경향이 있다. 그래서 늘 다른 사람과 자신을 비교하고

타인의 비전을 더 좋게 보거나 중요하게 여겨 자신의 비전을 쉽게 포기하거나 바꾼다.

과거 집착증

과거에 겪은 안 좋은 일, 실수한 행동, 잘못된 습관, 부족한 생각 등이 현재와 미래의 생각과 행동에 악영향을 끼친다. 과거의 나, 과거에 일어난 일에 지나치게 매달려서 에너지를 쏟지 않도록 주의해야 한다.

오프라 윈프리는 밝은 미래를 창조하기 위해서는 과거라는 짐을 벗어던져야 한다고 말했다. 그녀는 우리가 알다시피 미국 미시시피 시골에서 사생아로 태어났고 불우한 성장기를 보낸 흑인 여성이다. 구타와 사촌오빠의 성폭행으로 얼룩진 그녀의 10대 시절, 불과 열네 살 때의 임신과 출산, 자녀의 죽음, 마약을 했던 경력 등이 그녀의 어두운 과거였다. 그러나 그녀는 "그래서 뭐 어쨌다고?" 하면서 과거에 상처받지도 과거에 사로잡히지도 않았다. 그녀는 과거에 집착하는 대신 미래를 소망했고 결국 그것을 손에 넣었다.

책임감의 부족

책임감이 부족한 사람은 맡아서 해야 할 임무나 의무를 중요하게 여기지 않는다. 그리고 다른 사람에게 책임을 전가하거나 주변 환경의 탓으로 돌리고 변명을 한다. 이렇게 하지 않으려면 당신의 꿈 포도나무는 당신의 내면에서 시작된 것이며 미래에 완성되는 당신의 것임을 기억해야 한다.

인내와 끈기의 부족

어떤 문제에 부닥쳤을 때 그것을 해결하는 과정에서 겪어야 하는 괴로움이나 어려움을 참는 힘이 부족한 경우다. 인내와 끈기는 비전을 이루기 위해서 필수적으로 갖추어야 하는 소양이다.

건강하지 못함

아무리 위대한 비전을 가진 사람이라도 건강하지 못하면 비전을 이룰 수 없다. 정신적으로나 육체적으로 아무 탈이 없도록 꾸준한 관리가 필요하다.

위의 열 가지 사항들을 스스로 점검해보라. 그런 다음에 모치즈키 도시타카가 《당신의 소중한 꿈을 이루는 보물지도》라는 책에서 밝힌 '많은 사람들이 꿈을 포기하는 열 가지 이유'를 함께 점검하는 것도 도움이 된다.

많은 사람들이 꿈을 포기하는 열 가지 이유

첫째, 어려워서 처음부터 꿈을 포기한다.

둘째, 이미지가 머릿속에서 잘 그려지지 않는다.

셋째, 의욕과 열정이 오래가지 않는다.

넷째, 구체적인 행동과 실천으로 이어지지 못한다.

다섯째, 하루하루 바쁘게 살다가 목표를 잊어버린다. 혹은 잊지 않아도 떠올리는 횟수가 적다.

여섯째, 자신의 능력이나 자기 이미지(자신에게 어울린다고 생각되는 이미지)가 꿈과는 거리가 멀다고 생각한다.

일곱째, 비효율적인 방법을 반복한다.

여덟째, 바쁘다 보니 꿈을 위해 노력할 시간이 없다. 습관화되지 않는다.

아홉째, 성과가 확실하다는 생각이 안 든다. 성과가 나오기 전까지 믿고 기다릴 수 없다.

열째, 적극적인 사고만으로는 돈도 없고 지혜도 없고 인맥도 없는 벽을 뛰어넘지 못한다.

우리는 비전이 중요하다는 것을 잘 알고 있다. 그러나 아무리 위대한 비전이 있더라도 그것을 가슴속에 품고만 있으며 아무 소용이 없다. 어떠한 희생을 치르더라도 그것을 실행하는 용기가 필요하다.

비전을 가진 사람들의 7가지 특징

성공한 사람들에게는 인생의 목표가 있다. 아니, 인생의 목표가 명확한 사람은 성공한다.
-니시다 후미오

나는 사람들과 얘기를 할 때 아내에 대해 말할 기회가 있으면 "나는 바보 온달이고 아내는 평강 공주입니다"라고 말한다. 내가 말하는 의도와 뜻을 아는 사람은 아무도 없기에 내가 설명을 해주면 그때서야 내 말에 동의라도 하듯이 머리를 끄덕인다.

"아내는 나를 10년간 공부시켜 준 사람입니다. 초등학교부터 대학교까지는 부모님께서 공부시켜 주셨고, 대학원부터 미국에서 박사 학위를 받을 때까지는 아내가 공부시켜 주었습니다. 나는 부모님과 아내를 잘 만나서 출세한 사람입니다."

내가 한국에서 5년간 석사 학위 과정 2개를 마치는 동안 아내는 월급을 받으면 기본 생활비를 제외한 나머지를 모두 내 학비로 쏟아부었다. 돈이 부족하면 빚을 내서라도 내가 기죽지 않고 공부하도록 해 주었다. 그리고 비전을 이룰 때까지 용기를 잃지 말라고 격려해 주었다. 재정이 바닥이 나서 힘들어하는 아내에게 "유학을 가고 싶다"고 말했을 때도 아내는 불평 한마디 없이 전세금을 빼서 미국 유학 자금을 마련해 주었다. 학교에서 아이들을 가르치고, 남편의 생활비와 등록금을 책임지는 것도 힘들었을 텐데, 시어머니까지 모시면서 살았고 심지어 갖은 정성으로 시어머니 병 수발을 들어야 했다. 게다가 딸아이가 미국에서 아빠처럼 공부하고 싶다고 하자 결국 아내는 혼자 남기로 하고 딸을 미국으로 보냈다. 그리고 모든 살림살이는 노인복지원에 기증하고 친정집으로 들어가 눈칫밥을 먹으며 지냈다.

10년 동안 고생한 아내의 이야기는 말로 다 표현할 수 없을 정도이다. 아내의 헌신과 희생이 없었다면 나는 비전을 이루지 못했을지도 모른다. 아내는 늘 이렇게 기도했다. "제가 남편의 인생에 걸림돌이 되지 않고 디딤돌이 되게 하소서."

힘든 상황에서도 아내는 늘 밝았고 행복했다. 타고난 성품 때문일까, 아니면 신앙심 때문일까? 나는 아내가 수많은 고통과 어려움 가운데서도 무엇이 그녀를 강하고 지혜롭게 만들었는지 궁금할 때가 있었다. 아내는 그것에 대해 한마디로 대답했다. "그것은 미래의 비전이었어요." 아내에게는 남편과 딸에 대한 희망과 소망이 있었다. 아내는 힘들 때면 앞으로 다가올 행복한 미래를 꿈꾸면서 살았다고 한다. 아내의 비전은 나에게 달려 있었다. 내 비전이 이루어지면 아내의 비전도 이루어진 것이고, 실패하면 아내의 비전도 실패한 것이었다. 나는 아내의 깊은 속마음과 비전을 미국에서 박사 학위를 받고 돌아온 후에 그녀의 고백을 통해 알게 되었다.

아내가 뼈를 깎는 희생과 고생을 하면서도 웃을 수 있었던 힘은 비전에서 나온 것이었다. 비전이 있기 때문에 미래를 준비하며 열정적인 삶을 살게 되는 것이고 힘겨운 상황에서도 웃을 수 있는 것이다.

비전을 가진 사람들은 이렇듯 열정, 목표, 행복이라는 키워드를 가지고 매진한다. 비전을 가진 사람들이 어떤 특징을 가지고 있는지 구체적으로 살펴보자.

미래를 내다보면서 준비한다

비전을 가진 사람들은 3년, 5년, 10년, 20년, 30년 후를 볼 수 있는 마음의 눈과 힘을 가지고 있다. 그들은 과거나 현실의 문제에 집착하지 않고, 미래의 소망을 품고 앞을 바라보며 나아간다.

충주고등학교 3학년에 재학 중이던 반기문은 미국 적십자사에서 해마다 세계 각국의 청소년들을 초대하는 '비스타'라는 프로그램에 한국 대표로 선발되어 미국 대통령 케네디를 만나는 기회를 얻었다. 케네디 대통령은 한국에서 온 그에게 꿈이 무엇인지 물었고 반기문은 "외교관입니다"라고 대답했다. 소중한 꿈을 품고 한국으로 돌아온 그는 그날부터 영어책과 씨름했다. 책이 닳고 영어 회화 테이프가 늘어져 끊어지도록 영어 공부에 매달렸다. 마침내 그는 외교관이라는 꿈을 넘어 세계의 대통령인 유엔 사무총장이 되었다.

열정을 가지고 있다

열정은 사명에서 생산되는 연료이다. 만약에 사명이 없다면 열정의 크기도 빈약하다. 자동차는 휘발유를 연료로 하여 달리고 사람은 열정을 연료로 하여 달린다. 열정이 없으면 소중한 꿈을 이룰 수 없다. 헤겔은 "이 세상에 위대한 일 치고 열정 없이 수행된 것이 없다"고 했다.

비전이 자동차라면 열정은 엔진이다. 비전을 가진 사람은 그것을 추진해 나가는 열정을 가지고 있다. 세계적인 피겨 여왕 김연아 선수는 초등학교 1학년 때 '알라딘'이라는 아이스 쇼를 보고 세계 최고의 피겨 선수가 되겠다는 비전을 품었다. 그날 밤 그녀는 자신의 일기장에 '스케이트를 열심히 타서 세계 최고의 선수가 되고 싶다'라고 적고, 같은 내용을 편지로 적어 담임선생님에게 보냈다. 그리고 12년 후인 2009년 스무 살이 된 그녀는 세계 피겨선수권 대회에서 당당히 1위를 해 피겨의 여왕이 되었다.

분명한 삶의 목표가 있다

슈바이처 박사는 21세 때 "30세까지는 학문과 예술을 위하여 공부하고, 30세 이후에는 다른 사람을 위해서 인생을 바치겠다"라는 분명한 목표를 정했다. 그는 1893년 스트라스부르에서 오르간 연주를 한 것을 시작으로 음악가가 되었다. 1905년에는 바흐의 인생과 예술을 연구하여 '음악가이자 시인'을 발표했고, 1913년 의학박사가 되어 아프리카로 가서 그의 생명을 바쳤다.

약점을 극복할 수 있는 강한 정신력을 가지고 있다

비전은 우리의 약점을 뛰어넘게 만드는 힘을 가지고 있다. 강력한 비전은 인생의 험난한 파도를 넘을 수 있게 한다.

다른 사람들에게 영향력을 끼친다

자신이 누구이고, 어디로 가고 있으며, 어디로 가야 하는지를 알고 있는 비전의 사람은 다른 사람들을 이끌고 인도할 수 있다.

비전을 가진 사람은 행복한 사람이다

어린이든 청년이든 노인이든 비전을 가졌다면 행복한 사람이다. 그러나 젊은이라도 비전이 없다면 그는 불행한 사람이다. 하지만 나이가 많은 노인이라도 비전을 가지고 있다면 젊은이 못지않은 의지와 의욕을 발휘할 수 있으므로 행복한 사람이다.

빌 게이츠는 이렇게 말했다. "나는 세상에서 가장 재미있는 일을 갖고 있고, 출근하는 길은 언제나 즐겁다. 항상 새로운 도전과 기회, 배울 만한 것들이 기다리고 있다. 만약 스스로의 일을 이 정도로 즐긴다면 체력이 소진되는 일이 없을 것이다."

자기관리를 잘한다

비전과 자기관리는 정비례한다. 즉 비전을 성공적으로 이룬 사람들은 대부분 자기관리도 철저하게 잘 한다.

토머스 칼라일은 이렇게 말했다. "자기가 할 일을 발견한 사람은 행복하다. 그로 하여금 다른 행복을 찾게 하지 마라. 그에게는 일이 있고 인생의 목적이 있기 때문이다." 우리는 꿈을 품어야 한다. 꿈을 품는 것은 사람이지만, 우리가 꿈을 품으면 꿈이 우리를 응원하고 이끌어가기 때문이다. 그러니 이왕이면 작은 꿈보다는 큰 꿈을 갖는 것이 좋다. 작은 꿈은 우리의 피를 들끓게 하는 기적을 일으키지 못하지만 원대한 꿈을 꾸면 드높은 이상과 희망을 향해 나아갈 수 있다. 큰 꿈을 품고 긍정적인 마음을 갖자. 긍정적인 마음자세로 미래를 바라보면 성공의 기회를 반드시 거머쥘 수 있다.

2장

두려워 마 꿈부터 써봐

당신이 목표로 하는 것들을 기록하지 않는다면 당신은 뿌려지지 않은 씨앗만을 가진 것이다. 두렵거나 게으름 때문에 비전이 없거나 희미한 비전을 가진 사람은 작은 일도 이루기 어렵다.
-마이클 핸슨

진짜 비전과 가짜 비전

우리가 큰일을 생각할 때 자질구레한 모든 일들이 올바른 방향으로 나아가게 된다.
-앨빈 토플러

나는 중학교 때 활을 쏜 적이 있다. 처음에는 제대로 쏘지 못했다. 그런데 과녁을 향해 계속해서 시위를 당기다 보니 적중하는 경우가 종종 있었다. 나는 그때 깨달은 것이 있다. 그것은 과녁을 정확히 보면서 지치지 않고 계속해서 활시위를 당기면 목표는 반드시 이루어진다는 것이다.

나는 행복한 삶을 살기 위해 꿈의 설계도를 만들었다. 마치 태권도 선수가 차례차례 단수를 올려가듯 작은 목표를 성취하면 조금씩 더 크고 의미 있는 목표를 다시 세웠다. 확실한 목표를 세우지 않고 막연하게 '열심히 하겠다'는 생각만으로 살았다면 오늘의 나는 없을 것이다. 순간순간 찾아오는 위기와 좌절감을 극복하지 못하고 그 자리에 주저앉았을지도 모른다. 눈에 보이는 목표는 나에게 용기를 주고 내일을 꿈꾸는 힘을 주었다. 목표는 언제나 내일의 나를 만드는 에너지였다. 잘 산다는 것은 다른 것이 아니라 뚜렷한 목표를 가지고 자기가 하는 일에서 보람을 찾는 것이다.

진짜 비전은 그 자체만으로도 힘을 준다. 자신이 진정으로 원하는 것이라는 확신이 서기 때문이다. 비전을 세워놓고도 '이 길이 정말 내 길일까?' 하는 회의가 든다면 그것은 진짜 비전이 아니다. 믿음을 주지 않는 비전은 가짜 비전이다. 자신의 강점과 재능, 그리고 내적 동기에서 출발하지 않고 남의 비전을 빌려왔다고밖에 볼 수 없다.

가짜 비전은 현실과 접촉하는 순간 빛을 잃는다. 암흑 같은 두려움이 비전을 삼켜버린다. 하지만 진짜 비전은 두려움을 넘어설 용기를 준다. 시간이 지날수록 점점 더 간절해지고 뚜렷해진다. 그래서 진짜 비전을 향해 나아가는 사람에게는 실패란 말이 있을 수 없다. 자기답게 살아가는 길에 실패란 말이 어떻게 따라붙겠는가. 누군가 비전은 있는데 두려움에 휩싸여 한 걸음도 발을 떼지 못하겠다고 말한다면 그 비전이 가짜라고밖에 할 수 없다.

어떤 사람은 하기 싫은 일을 참고 이겨내는 반면, 어떤 사람은 다시 게으름에 빠진다. 두 사람의 차이는 무엇일까? 하기 싫은 일을 참고 해내는 사람은 싫증을 느끼더라도 '큰 그림'을 놓치지 않는다. 즉 지금의 단순한 일과 설레는 미래를 연결시켜 현실의 싫증을 위로할 줄 아는 것이다. 그에 비해 게으름으로 돌아가는 사람은 '큰 그림'을 놓쳐 버리곤 한다. 현재의 괴로움을 미래를 위한 투자로 여기지 않는다. 결국 '큰 그림'을 놓치느냐, 놓치지 않느냐가 중요한 관건이다. 미래학자 앨빈 토플러는 "우리가 큰일을 생각할 때 자질구레한 모든 일들이 올바른 방향으로 나아가게 된다"라고 했다.

최고의 길은 단순하다. 자신이 진정으로 원하는 일에 화산 같은 열정을 투입하면 최고 속도로 달리는 고속열차에 탑승한 것이나 마찬가지이다.

일본 바둑사의 명인 혼인보가 12세의 나이에 강적과 대국을 벌였을 때의 일이다. 밤이 깊어 일단 집으로 돌아간 후에도 그는 난국을 타개할 묘수를 찾느라 고심했다. 그리고 고심 끝에 묘수를 찾았을 때는 이미 동이 터서 날이 샌 다음이었다. 그때 그의 몸은 똥오줌으로 범벅이 되어 있었다. 한곳에 몰입한 나머지 언제 똥오줌을 쌌는지도 몰랐던 것이다.

진짜 비전을 가진 사람들의 공통분모를 찾는다면 '좋아하는 일을 행복하게 하는 것'이다. 비전을 성취하고 싶다면 당신의 일을 휴가처럼 느껴야 한다.

비전 라벨

어떠한 비전도 갑자기 이루어지지 않는다. 한 알의 과일, 한 송이의 꽃도 그렇게 되지 않는다. 나무의 열매조차 금방 맺히지 않는데 하물며 인생의 열매를 노력도 하지 않고 조급하게 기다리는 것은 잘못이다.
—에픽테토스

눈을 감고 상상해보자. 당신 앞에 잘 익은 포도를 담은 광주리가 하나 있다. 당신은 이 포도를 이용해 무엇이든 할 수 있다. 당신은 이것으로 무엇을 하겠는가?

'비전 설계에 관한 얘기를 하다 말고 갑자기 왜 포도 타령인가?' 하고 의아하게 생각하는 사람이 있을지 모르겠다. 혹 눈치가 빠른 사람이라면 "아하!" 하며 무릎을 쳤을 수도 있다. 앞에 나온 내용을 잘 이해한 사람이라면 어렵지 않게 비전과 포도의 공통점을 찾아냈을 것이다. 그것은 '고급 결과물일수록 많은 노력이 요구된다'는 것이다.

수확한 포도를 활용하는 방법 중에 가장 쉬운 방법은 그날 따서 그냥 먹는 것이다. 이렇게 활용할 경우 맑은 물로 닦는 수고 정도만이 필요하다. 그 정도 수고를 하면 달콤한 포도를 먹을 수 있다. 쉬운 비전도 마찬가지다. 어떤 학생들은 "꿈이 뭐냐?"고 물으면 "인간이 되는 것이다", "어른이 되는 것이다"라고 얘기한다. 우리는 수고하지 않아도 이미 동물이 아니라 인간이고 시간이 지나면 자연스럽게 어른이라는 소리를 듣는다. 이것은 수고하지 않아도 저절로 되는 것이다.

건포도를 만드는 방법을 택할 경우에는 햇볕 아래서 건조시키는 과정이 필요하다. 이렇게 하면 오래 먹을 수 있고 포도보다 비싸게 팔아서 이익을 남길 수도 있다.

포도 잼을 만드는 방법을 택할 경우에는 불을 보태고 설탕을 투자해야 하며 그것을 담을 그릇을 준비해야 한다. 이런 노력을 추가하면 몇 개월은 거뜬히 포도를 즐길 수 있고 건포도보다 비싸게 팔 수도 있다.

마지막으로 와인을 만드는 경우이다. 이 경우에는 일이 아주 복잡해진다. 잘 익은 포도송이만 골라 담은 후 알과 껍질이 거의 물이 될 때까지 으깨는 포도 밟기를 해야 한다. 그것을 걸러 발효시킨 후 깨끗한 병에 담고 라벨까지 붙여야 한다. 이런 노력이 더해지면 몇 십 년은 충분히 견딜 뿐만 아니라 해마다 그 가치가 올라간다.

당신은 가지고 있는 포도로 무엇을 만들고 싶은가? 이왕이면 최상품을 만들어보자. 시간이 지날수록 가치를 더해 가는 위대한 비전을 만들자!

★핵심 가치 세우기★

나를 행복하게 하는 것은 무엇인가? 가슴을 설레게 하는 말은 무엇인가? 삶에 충족감을 주는 것은 어떤 것인가? 자신의 핵심 가치를 찾아보라. 핵심 가치는 죽을 때까지 간직하고 싶고 실천하길 원하는 신조나 추구해야 할 것, 삶의 목적과 목표이다.

핵심 가치를 찾는 일이 어렵게 느껴진다면 아래의 키워드를 참고해보라.

사랑, 봉사, 행복, 신앙, 섬김, 비전, 칭찬, 기쁨, 가족, 자유, 창조성, 평등, 진리, 인격, 평화, 존중, 존경, 상담, 감동, 신뢰, 성실, 노력, 의지력, 정직, 만족, 상상력, 유익함, 배려, 관심, 코칭, 상호관계, 인간관계, 리더십, 자기관리, 교육, 영향력, 모험, 아름다움

당신이 중요하게 생각하는 핵심 가치는 무엇인가? 당신에게 끌리는 단어는 무엇인가? 위에 언급된 키워드를 활용해도 되고 당신만의 독창적인 키워드를 만들어도 좋다. 자신이 매우 중요하게 생각하는 가치를 다섯 개의 키워드로 표현해보라.

나의 핵심가치

나, (　　　　)의 핵심 가치는 (　　　　), (　　　　), (　　　　), (　　　　), (　　　　)이다.

비전선언문의 위력

노력해 보지도 않고 어차피 해봐야 안 된다고 생각하는 것처럼 바보짓은 없다. 비전을 가지고 어떤 일을 훌륭하게 하려고 노력할 때 그 활동은 창조적인 것이 된다.
–존 업다이크

꿈을 이룬 사람들은 결코 포기하지 않는 원칙이 있다. 꿈을 이루려면 이것 때문에 산다는 분명한 이유가 있어야 한다. 바로 이것 때문에 오늘 내가 여기 있어야 한다는 이유를 가지고 있는 사람이 비전을 가진 사람이다.

당신의 비전은 무엇인가?

왜 그 비전을 성취해야 하는가?

우리는 이제 자신이 가진 비전을 설계하고 그것을 일상으로 끌어오는 작업을 할 것이다. 처음에 할 일은 '비전선언문'을 만드는 것이다. 비전선언문은 당신이 이 세상에 존재하는 이유를 한 문장으로 정리해 시각화한 것이다. 그것은 와인의 라벨과도 같다. 와인 라벨을 보면 무슨 품종의 포도로 만든 것인지, 어느 나라 어느 지방의 것이며 몇 년도에 만든 것인지, 품질은 어느 정도인지, 알코올 함량은 얼마인지 등이 적혀 있다. 라벨은 병 안에 담긴 내용물의 본질은 물론 역사와 가치를 함께 나타내 준다. 비전선언문이 바로 당신의 라벨인 셈이다.

당신의 비전을 자신만의 표현을 이용해 한 문장으로 작성하는 것은 매우 중요한 의미를 갖는다. 비전선언문은 당신의 비전을 효과적으로 이루기 위한 목표와 전략을 한눈에 볼 수 있게 한다. 《공병호의 10대를 위한 자기 경영노트》라는 책에 보면 로리 베리 존슨이 기적의 미션 선언서에 대해 이렇게 설명한 내용이 나온다.

> 미션 선언서는 개인이나 기업의 존재 이유를 문서로 공식화한 것을 말한다. 그것은 이 사회를 살아가는 데 매우 실용적인 문서다. 인생의 항로를 발견하고, 항해를 시작하고, 그것을 평가하고, 수정하고, 다시 항해를 시작하는 데 변하지 않는 기본 틀 역할을 한다. 미션 선언서는 진정으로 우리가 원하는 것이 무엇인지, 그것을 이루기 위해서 어떻게 살아야 하는지, 훗날 어떤 사람이 되는지 등과 같은 삶의 과제들을 구체적으로 조정하고 감독한다. 따라서 명료하게 만들어진 미션 선언서는 여러분이 이 사회를 살아가는 데 가장 유익한 친구가 되어 줄 것이다.

미국의 존 고다드라는 사람은 열다섯 살 때 자신이 이루고 싶은 평생의 목표 127가지를 구체적으로 적어 목록을 작성했다. 그 후 그는 자신이 세운 목표를 이루기 위해서 지속적으로 노력했다. 그 결과 그의 나이 45세 때 127개의 목표 가운데 무려 103가지를 이루어냈다.

미국의 어느 심리학자는 1979년 하버드 대학을 졸업하는 학생들을 대상으로 비전과 목표의 유무를 조사했다. 졸업생 중 27퍼센트는 뚜렷한 계획이 없다고 말했고, 60퍼센트는 경제적인 문제에 대해서만 계획을 갖고 있었다. 미래에 대한 구체적인 계획이 있다고 응답한 졸업생은 10퍼센트에 불과했고, 비전과 목표를 문장으로 작성하여 가지고 있다고 대답한 학생은 전체 중 단 3퍼센트뿐이었다. 20년 후 심리학자는 그들의 삶을 추적해 보았다. 20년 전 같은 출발선상에 있었던 그들의 삶은 판이하게 달라져 있었다. 미래의 계획이 없다고 대답했던 27퍼센트의 졸업생은 정부 보조금을 받고 사는 극빈자가 되어 있었고, 경제적인 문제에 대해서만 계획을 가지고 있었던 60퍼센트의 졸업생은 서민층으로 살아가고 있었다. 미래에 대한 계획을 가지고 있었던 10퍼센트의 졸업생은 상류층이 되어 어느 정도의 부와 여유를 누리며 살고 있었다. 마지막으로 자기 비전과 목표를 글로 쓴 문서로 갖고 있었던 3퍼센트의 졸업생은 한 사람도 빠짐없이 미국을 움직이는 지도자가 되어 있었다.

이것은 비전선언문의 힘이 얼마나 강력한지를 말해주는 단적인 예다. 비전선언문은 나침반과도 같아서 자신이 누구인지, 자신이 지금 어디에 서 있는지, 어디로 가야 할지를 올바르게 알려준다. 비전선언문의 위력을 믿자. 그리고 지금 당장 자신만의 비전선언문을 만들자.

좋은 비전선언문을 만드는 법

지금 곧바로 할 수 있는 일부터 시작하여 성취감을 맛보면 뒤에 어떤 난관이 닥치더라도 그것을 돌파할 용기가 솟는다. 비전을 가지고 노력한다는 것은 바로 그런 것이다.
–다케우치 히토시

꿈을 문서 형태로 갖고 있는가? 이것은 언뜻 생각하기에는 아주 사소해 보이지만 성공한 사람들은 자신이 바라는 삶의 목표나 비전을 종이에 적어서 갖고 다닌다. 종이에 자신의 꿈과 비전 그리고 목표를 써서 간직하는 것이 꿈을 이루는 첫 단계이다.

왜 글로 써놓아야 할까? 꿈이나 목표를 글로 써놓으면 분명한 목표를 지니게 되어 시간을 허비하지 않는다. 목표 의식과 인생에 대한 기대를 낳는다. 훌륭한 결정을 내릴 수 있게 해 준다. 갈등을 줄여 주고 최고의 자신감을 준다.

미국의 디즈니랜드사에 가면 "꿈을 꿀 수 있다면 그것을 할 수 있다(If you can dream it, you can do it)"는 글을 심심치 않게 볼 수 있다.

과녁 없는 명중은 없는 법이다. 분명한 목표가 있어야 그것을 달성할 수 있다.

스물일곱 살에 보험 세일즈로 백만장자가 된 폴 마이어는 분명한 골든 리스트(Golden List)가 있었다.

- 이 문 뒤에 무엇이 있을지 모르지만, 이 문을 자주 열면 열수록 더 많이 팔 수 있다.
- 시도를 해서 잃을 것은 전혀 없다. 얻을 것이 있다면 최선을 다해 시도할 것이다.
- 바로 지금 시작할 것이다.

비전선언문을 작성하는 것은 그리 어려운 일이 아니다. 당신 내면에서 꿈틀대는 소망이 무엇인지 찾아내 그것을 구체적인 말로 적으면 되는 것이다. 자신의 비전을 100자 이내로 써 보라. 그러면 당신의 비전선언문, 즉 고유 라벨을 만들 수 있다.

여기서 유의할 것이 있다. 비전선언문에는 모범답안이 없다. 비전선언문은 각자의 목적에 따라 다양한 내용이나 형식으로 표현될 수 있기 때문이다. 당신 자신만의 언어로 재능이나 생각, 삶의 가치, 인생의 목표와 목적 등을 쓰면 된다.

'나는 성공한 사람이 되고 싶다', '나는 부자가 되고 싶다', '나는 교수가 될 것이다', '나는 연예인이 될 것이다' 등과 같이 간단히 적는 것도 비전선언문이 될 수 있다. 하지만 너무 대충 적지는 마라. 대충 적는다는 것은 이미 실천 의지가 부족하다는 증거이다. 비전선언문 작성이 비전 성취의 성패를 좌우한다 해도 과언이 아닐 만큼 중요한 일이므로 조금 더 노력을 기울일 필요가 있다. 비전선언문은 손에 잡힐 듯 생생하고 구체적으로 작성해야 한다. 자신의 비전선언문을 작성하기 전에 다른 사람이 쓴 것을 살펴보고 배울 점을 찾아보는 것도 좋은 방법이다. 비전선언문의 내용이나 구성, 주로 사용하는 용어나 단어, 목표와 목적 등을 눈여겨 살펴보라.

좋은 비전선언문을 작성하기 위해서는 몇 가지 요소를 필수적으로 갖추어야 한다.

한두 문장으로 쓰되 구체적으로 작성하라

짐 캐리: "영화 한 편당 천만 달러를 받는 배우가 되겠다."

영화 〈마스크〉의 주인공 짐 캐리는 무명 시절 비전선언문을 작성했다. 그는 구체적인 액수를 적어 보다 명확한 목표를 만들었다.

나폴레온 힐: "성공한 사람들을 연구하여 누구나 성공할 수 있는 성공법칙을 알아내고 일반인들에게 전파하겠다."

성공학자 나폴레온 힐은 비전선언문에 자신의 할 일을 단계적으로 정리해 놓았다.

누구나 이해하기 쉽게 작성하라

링컨: "미합중국의 분열을 막겠다."

루스벨트: "대공황에 종지부를 찍겠다."

넬슨 만델라: "인종차별을 없애겠다."

테레사 수녀: "굶주리고 가난한 사람에게 자비와 연민을!"

자신의 비전을 잘 표현할 수 있는 효과적인 낱말을 찾아 작성하라. 누가 보아도 당신의 비전이 무엇인지 쉽게 알 수 있게 작성해야 한다.

기억하기 쉽고 외우기 쉽게 작성하라

파브르: "작은 곤충의 생리 연구를 통하여 우리 인간이 배워야 할 교훈을 찾아내겠다."

곤충학자 장 앙리 파브르는 자신은 물론 다른 사람들도 쉽게 외울 수 있고, 기억할 수 있는 간단명료한 문장으로 비전선언문을 작성했다. 다른 사람들이 당신을 떠올릴 때 쉽게 기억할 수 있도록 해야 한다.

부정적인 의미를 전달하는 내용은 피하라

"모든 이라크는 한 가족이며 내가 바로 아버지이다. 나에 대한 어떠한 형태의 반대도 반역이다. 나는 위대한 인물로 역사에 남을 것이다." (이라크 전 대통령 사담 후세인). 이처럼 다른 사람에게 부정적인 이미지를 주거나 교만해 보이거나 거부감을 주는 내용은 피해야 한다.

자신의 비전이 분명하게 나타나야 한다

당신이 이루고 싶은 비전의 내용이 명료하고 선명하게 표현되었는지 점검해보라. 다른 사람들에게 보여주고 그것을 주제로 대화하는 시간을 갖는 것도 도움이 된다.

자, 이제 당신의 비전선언문을 작성할 때가 왔다. 위대한 사람들의 비전선언문 옆에 나란히 놓일 당신의 비전을 작성해보라. 뿌듯하지 않은가? 당신도 세상을 바꿀 수 있다!

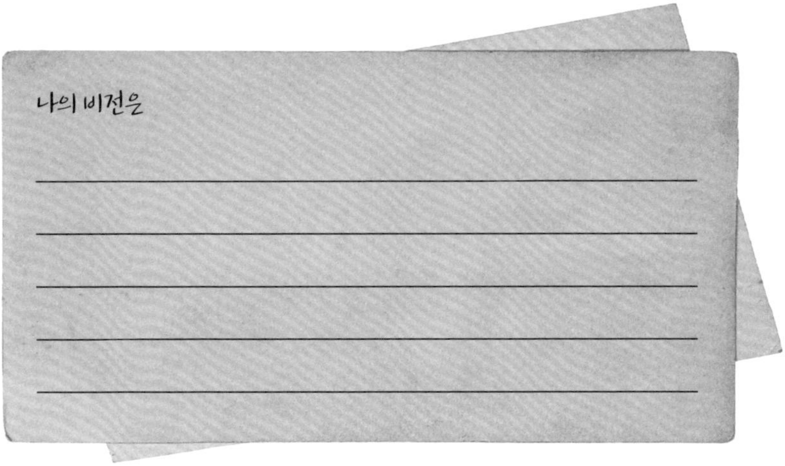

비전선언문을 작성했는가? 당신의 비전선언문에 혹시 다음 사항을 고려하지 않은 점이 있는지 다시 한 번 확인해보라.

- 자신, 가족, 직장, 사회생활을 모두 포함하고 있는가?
- 비전선언문을 보거나 생각하면 열정이 솟구치는가?
- 자신의 본성에서 우러나온 것인가?
- 타인이나 환경의 영향에 치우치지 않는 고유한 것인가?

- 너무 어려운 용어를 사용하지 않았는가?
- 어느 특정 부분만을 표현하고 있지 않는가?
- 진부하고 뻔한 문구를 사용한 것은 아닌가?
- 사명을 생각하면 자신의 모든 것을 바쳐서라도 그렇게 살고 싶다는 동기부여가 되는가?

비전선언문은 책상 앞에서 읽는 것이 아니다. 당신의 뼛속 깊이 살아 숨 쉬어야 한다. 뇌와 가슴에 살아있는 사명은 에너지가 넘친다. 살아있는 사명이 에너지를 뿜어낼 때 참다운 삶과 가치를 생산할 수 있다.

스스로 만족스럽지 않은 비전을 적었다고 해도 좌절하거나 실망하지 마라. 이 책을 전부 읽고 다시 한 번 자신에 대해 깊게 생각하면 어느 정도 여유가 생길 것이다. 그때 기록해도 늦지 않다.

비전선언문을 작성한 뒤에는 몸에 지니고 다니면서 마음이 약해질 때마다 읽어보라. 비전은 외치기보다 작성해서 갖고 다닐 때 의미가 있다. 꼭 기록으로 남겨놓고 그에 맞는 행동을 하라. 작성한 비전선언문을 여러 사람들에게 알리는 것도 좋은 방법이다.

'비전포스트'를 만들어보라. 비전포스트는 A4 종이에 비전을 글로 적고 달성된 상태를 그림이나 사진으로 붙이는 것이다. 비전포스트를 사무실과 집 등 당신이 이동하며 잘 보이는 위치에 몇 장 붙여놓아라. 그리고 아침저녁으로 비전포스트를 보고 10회 이상 큰소리로 읽어라.

주변 사람들에게 얘기하면 더욱 효과적이다. 이 방법을 쓰게 되면 주변에서 도와주는 사람이 나타날 수 있고 스스로에게 강한 책임감도 부여하게 된다. 이 같은 방법으로 비전을 설정하게 되면 당신 몸의 모든 세포 속에 비전이 침투할 것이다. 그 이후에는 저절로 달성되는 기쁨을 맛보는 일만 남을 것이다.

★미래에 이루고 싶은 꿈 찾기★

성장하고 발전하는 자신의 모습을 상상해보자. 꿈이 이루어지는 순간을 상상해보자. 이것이 심상화이다. 마음에 품고 굳게 믿어야 꿈은 이루어진다.
우리의 인생은 믿는 대로, 생각하는 대로, 꿈꾸는 대로 이루어진다. 나는 이런 꿈을 꾸고 있다.

나, 한만오는 대한민국에서 이 시대를 살아가는 모든 한국인을 위해 하나님께서 주신 능력과 은혜에 의지하여 꿈과 비전을 심어주는 최고의 영향력과 열정을 갖춘 비전메이커가 될 것이다.

이제 당신의 차례이다. 앞으로 3년, 5년, 10년 후 미래의 모습을 상상하며 적어보자.

나, (   )는 (   )에서 (   )를 위해
(   )을 하는
(   )가 될 것이다.

꿈을 쓰고 구체적으로 상상하라

눈앞을 보기 때문에 멀미를 느끼게 된다. 몇 백 킬로미터 앞을 보라. 그곳은 잔잔한 물결처럼 평온하다. 나는 그런 장소에 서서 오늘을 지켜보고 사업을 하기 때문에 전혀 걱정하지 않는다.
–손정의

언젠가 TV에서 가수 셀린 디온의 인터뷰 장면을 본 적이 있다. "지금처럼 수백만 장의 음반이 팔리고 순회공연을 다니며 수만 명의 사람들 앞에서 노래를 부르게 될 날이 올 것이라 생각했느냐?"라는 질문을 받자 그녀는 이렇게 대답했다. "지금의 일들은 전혀 놀랄 일이 아닙니다. 다섯 살 때부터 늘 이 꿈을 꾸며 마음속에서 보았던 일이거든요."

셀린 디온이 세계적으로 유명한 가수가 된 것은 자신이 바라는 모습을 구체적으로 상상했기 때문이다. 꿈을 현실화시키는 데 가장 유용한 방법은 바라고 원하는 것을 이미지로 시각화하는 것이다. 자신이 원하는 모습에 대한 성공적이고 이상적인 목표를 세워 매일 그것을 생각하고 바라보면 우리는 그것을 현실로 만들 수 있다.

내가 아는 지인은 큰딸이 명문대에 들어가고 아들은 외고에 입학해 주변의 부러움을 샀다. 우연히 그분의 스마트폰을 보게 되었는데 '서울대 딸 외고 아들'이라고 씌어 있었다. 내가 "뭐 이런 걸 핸드폰에까지 써서 다니십니까?"라고 말하자 그분은 이렇게 얘기했다. "간절히 바라는 목표를 써 놓으면 그 소망이 이루어진다고 해서 일 년 전에 써 놓은 겁니다."

기회가 있을 때마다 자신의 비전과 꿈, 목표에 대해 쓰고 그것이 마치 이루어진 것처럼 상상해보라. 그러면 잠재의식은 우리가 그린 성공 이미지에 맞도록 우리의 말과 행동, 감정을 조정하여 꿈의 성취를 위해 나아갈 것이다.

흥미를 잃지 않고 즐겁게 계속할 수 있을 만큼 매일 이 과정을 반복해보라. 5분만 해도 효과가 크다. 이것을 자주 반복할수록 더욱 효과적이다.

비전은 다이어트와 같다

다이어트를 하고 싶은가? 다이어트를 하려면 원하는 몸무게를 명확하게 정하고 그것을 글로 써보라. 또한 마음속으로 완벽한 몸무게가 되면 어떤 모습일지 상상해보라. 원하는 몸매를 가진 사람의 사진을 붙여놓고 자주 바라보라. 반드시 이미 완벽한 몸매를 만들었다고 믿어야 한다. 내가 아는 학생은 원하는 몸무게를 종이에 적어서 체중계 눈금에 붙여두었다. 이렇게 하면 누가 시키지 않아도 자발적으로 음식 조절을 하게 되고 운동도 하게 된다. 이것이 다이어트에 성공하는 방법이다.

꿈은 다이어트와 같다. 불어난 체중을 줄이기 위해서, 혹은 건강을 위해서 누구나 한 번쯤 시도해보는 다이어트는 시작은 있지만 끝은 없다. 다이어트는 평생 관리해야만 비로소 성공할 수 있는 것이다. 관리를 잘해서 다이어트에 성공했어도 약간만 방심하면 다시 체중이 늘 수밖에 없다.

꿈도 다이어트처럼 꾸준히 관리해야 한다. 누구에게나 어려운 고비가 있다. 그 고비를 넘겨야 꿈을 성취할 수 있다. 다이어트를 잘못하면 요요현상을 일으키듯 꿈을 제대로 관리하지 못하면 꿈을 꾸는 것조차도 힘들게 만든다. 방심하지 말고 계속해서 꿈을 꾸어야 한다. 그래야 비전을 이룰 수 있다.

비전을 가진 사람은 포기하지 않는다. 포기하면 정말 이길 방법이 없다. 그러나 언제나 상황은 달라질 수 있다고 믿고 계속 도전하면 비전과 꿈은 이루어진다.

3장

비전과 목표관리

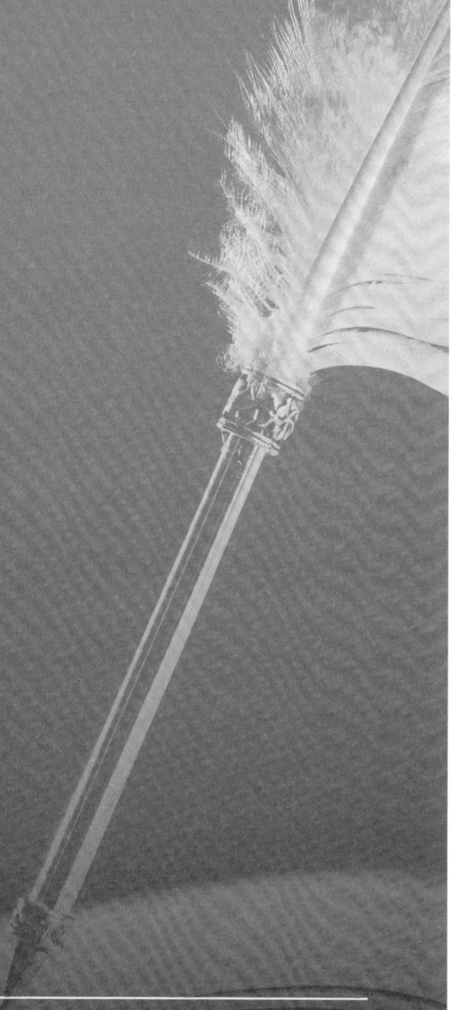

목표는 성취라는 용광로 속의 연료이다.
-톰 홉킨스

1만 시간의 법칙을 활용하라

성공한 사람들은 한결같이 쉬지 않고 자신이 뜻하는 바를 향하여 걸었던 사람들이다. 비전을 향해 부지런히 나아가라. 노력한 만큼 반드시 보상을 받을 것이다.
–노만 빈센트 필

성공한 사람들은 한 가지 일을 최소한 1만 시간 넘게 했다고 한다. 이것은 신경과학자 다니엘 레비틴이 연구한 '1만 시간의 법칙'으로도 설명되고 있다. 하루 세 시간씩 10년간, 즉 1만 시간을 노력하면 누구나 성공할 수 있다는 것이다.

그런데 한 분야에 1만 시간을 집중하면 누구나 성공할 수 있는 것일까? 나는 '아니다'라고 말할 수 있다. 책상 앞에 앉아서 아무리 공부를 해도 성적이 오르지 않는 학생, 하루 종일 열심히 일해도 성과를 내지 못하는 직장인이나 자영업자, 사업가들이 너무나 많다. 그들은 무엇이 문제일까?

나는 자신이 정말 좋아하고 가장 잘할 수 있는 일을 선택했는지를 먼저 묻고 싶다. 그래야 뚜렷한 목표가 생기고 그 목표를 달성하기 위해 몰두하고 연습하고 노력하는 힘이 생겨난다. 그리고 자신이 정한 목표가 이루어지면 자신감과 성취감을 얻고 또 다른 목표를 세워 새로운 도전에 나서야 한다. 그래야 한 분야에 1만 시간을 집중하여 성공할 수 있는 것이다.

나는 교수가 되기 전에 환경운동을 열심히 했다. 환경운동에도 여러 가지 분야가 있는데, 그중에서 나는 학교에서 '환경사랑 생명사랑 쪽지'를 발행하여 사람들을 계몽하는 일에 몰두했다.

나는 1990년에 교사로 일하면서 환경운동을 시작했다. 조선일보사에서 '쓰레기를 줄이자'는 캠페인을 할 때였는데, 나는 느낀 바 있어서 학생들과 분리수거를 하는 작은 일부터 시작했다. 그 당시에는 학생들은 물론 선생님들까지도 분리수거하는 것을 귀찮아했고 대수롭지 않게 여겼다. 그러나 이 일은 환경과 생명을 살리는 일이고 지구를 살리는 일이었다. 그래서 사람들이 알아주지 않아도 열심히 사명감을 갖고 일했다.

나는 이 일을 시작할 때는 혼자 했다. 귀찮고 번거로운 일을 몸으로 해야 하는 것이어서 사람들이 모두 꺼렸기 때문이다. 교실에 분리수거통을 비치하고 그것을 관리하는 학생을 교육하고 분리수거한 재활용품을 정리하고 처리하는 일 등을 혼자 하다 보니 자질구레하게 손이 가는 일이 많았다. 이 일은 혼자서는 도저히 할 수 없는 것이었다. 그래서 나중에 '환경보전반'이라는 동아리를 만들고 학생들을 교육하여 그들과 함께 환경운동을 했다.

나는 학교에서만 환경운동을 하지 말고 이 운동을 전국적으로 확대해야겠다는 생각이 들어서 그 방법을 찾다가 '환경사랑 생명사랑 쪽지'를 발행하는 일을 시작했다. 이것은 16쪽으로 구성된 손바닥만 한 크기의 작은 책자였다. 내용은 재미있는 환경 이야기, 재활용품 분리수거 요령, 환경에 관한 좋은 글과 사진, 환경운동가나 단체 소개의 글, 환경운동 실천을 돕는 글과 캠페인 등이었고 십대들에게 비전과 꿈을 주는 좋은 말들도 소개했다. 이 소책자를 만든 다음 봉투에 넣고 우표를 붙이고 주소를 적고 우체국까지 운반하고 배송하는 일 등은 아내와 몇 명의 제자들이 도움을 주었다. 이 소책자는 격월로 1만 부 발행을 하여 전국에 있는 중고등학교, 기독교 서점, 도서관, 개인 독자들에게 무료로 배부했다.

이 일은 돈이 많이 들었기 때문에 책자를 계속 만들려면 후원자가 있어야 했다. 나는 하나님께 기도하면서 후원해줄 사람들과 단체들을 찾아다녔다. 선한 일, 세상을 아름답게 하는 일에 많은 사람들이 후원금을 보내주었다. 나는 이 일을 통해 하나님은 세상을 이롭게 하는 일에는 좋은 사람들을 붙여주신다는 것을 알게 되었다. 나는 지금도 그 일을 생각하면 "고맙습니다"라는 말이 저절로 나온다.

환경운동을 하면서 나는 인생에서 중요한 원리를 깨달았다. 그것은 한 가지 분야를 정해서 10년만 하면 최고가 될 수 있다는 것이다. 나는 쓰레기를 줄이고 재활용품을 분리수거하는 일, '환경사랑 생명사랑 쪽지'를 발행하는 일을 10년 동안 꾸준히 했고, 지역사회의 어린이, 청소년들, 학부모들에게도 환경운동의 중요성을 계몽할 목적으로 군포시청의 도움을 받아 '환경캠프', '환경사랑 자전거 봉사단'을 만들어 홍보활동도 했다. 그랬더니 정말 '10년 법칙'이 실제로 이루어졌다. 환경운동을 시작한 지 10년이 지나자 쓰레기가 많이 줄었고 재활용품 분리수거하는 일도 어느 정도 자리를 잡았다.

이 일로 인해 나는 본의 아니게 수많은 신문과 TV, 라디오 방송에 인터뷰를 하거나 출연하게 되었고 교원 잡지의 표지 모델이 되기도 했다. 게다가 시민의 날에 환경운동 부문에서 '군포시민상'도 받게 되었다. 또한 교장선생님의 추천으로 전국에 있는 유치원 교사를 포함하여 초중고 교사들을 대상으로 하는 '올해의 스승상'에 선정되는 영예를 안았다.

물론 내가 이 상을 받게 된 것은 환경운동에 동참해준 분들 덕분이다. 나는 이 상을 받은 기쁨을 그분들과 함께 나누었다. 그리고 무슨 일이든 10년간 열심히 하면 하늘도 감동하여 도와준다는 사실을 경험했다. 나는 개인적으로 이 모든 것이 하나님께서 주신 선물이라고 생각한다.

나는 사랑하는 제자들에게 자신 있게 말할 수 있다. "자네들이 한 가지 분야를 정해서 포기하지 않고 10년만 노력하면 반드시 좋은 결과가 있다는 것을 명심하게."

어떤 사람들은 10년은 너무 길다고 말한다. 그러면 나는 일단 목표를 세우고 일 년만 미쳐보라고 한다. 공부를 하든 무슨 일을 하든 일 년만 죽었다 생각하고 몰입하면 대부분 원하는 것을 얻을 수 있다. 일 년 365일은 어찌 보면 짧은 기간이다. 365일만 미친 듯 노력하면 미래를 송두리째 바꿀 수도 있다.

그런데 내가 만난 사람들의 대부분은 일 년 동안 목표를 이루기 위해서 독하게 살지 않았다. 갖가지 변명으로 스스로에게 면죄부를 주며 항상 흐지부지하게 일을 끝냈다. 내가 말하는 일 년은 어떤 핑계도 동반하지 않는 일 년이다. 목표를 이루고 싶다면 '안 된다', '할 수 없다' 같이 맥 빠지는 생각은 멀리 던져버리고 딱 일 년만 미쳐 보겠다는 마음으로 치열하게 살아보라.

뜨뜻미지근한 열정의 온도를 거부하라

인생이라는 커다란 가게에 들어가서 원하는 것을 무엇이든 사라. 다만, 대가를 지불할 준비를 하라.
–중국 속담

인생은 수학 문제처럼 공식대로 풀리지 않는다. 물결치는 바다처럼 언제든 상황이 달라질 수 있는 것이 인생이다. 살다보면 생각지도 않았던 일이 일어나기도 한다.

어느 날 나는 천직으로 생각하던 교사를 그만두게 되었다. 내가 사직서를 제출한다고 하자 주위 사람들은 왜 좋은 직장을 그만두느냐며 의아하게 생각했다. 어떤 사람은 어디서 많은 연봉을 주겠다는 제안이 들어왔냐고 묻기도 했다. 남들은 어떻게 생각했는지 몰라도 내가 교사를 그만둔 이유는 더 큰 비전을 이루기 위해서였다.

나는 학교에서 아이들을 가르치지 않으면 당장 먹고사는 일을 걱정할 입장에 놓여 있었다. 그런데 직업도 없이 실업자 신세가 된 나는 미래에 대한 두려움과 걱정보다는 자신감과 편안한 마음이 넘쳐났다.

'걱정하다'라는 말은 '목 졸라 죽인다'는 의미가 있다. 걱정은 사람의 숨통을 조이는 소리 없는 살인자와 같다. '염려하다'는 말은 마음을 갈래갈래 찢어 놓는다는 의미가 있다. 걱정하고 염려하고 두려워하는 것은 내 마음 내 뜻대로 안 된다는 심리적 불만과 절망감에서 오는 현상이다. 그래서 나는 무슨 일을 만나든지 걱정하거나 염려하지 않겠다고 결심했다. 두려워하지 않기로 결심했다. 걱정하고 염려한다고 해결되는 문제는 세상에 단 하나도 없다. 걱정스러운 일은 걱정하라고 주어진 일이 아니라 새로운 가능성을 기대하게 만드는 기회이다.

꿈을 가진 사람은 걱정하지 않는다. 염려하지 않는다. 두려워하지 않는다. 잘 될 것이라는 희망을 가지고 목표를 다시 세우는 사람이 꿈을 가진 사람이다.

나는 "10년 후에 나의 모교에서 교수가 되고 싶다"라는 비전을 마음에 품고 오랫동안 하나님께 간절한 마음으로 기도했다. 기도할 때마다 내 비전은 하나님께서 주신 비전이라는 확신이 생겼다.

내 처지나 여러 가지 조건을 고려해보면 그것은 실현 불가능한 허황된 꿈일 수도 있었다. 그런데 놀랍게도 공부를 시작한 지 10년이 된 해에 기도한 대로 나는 교수가 되었다. 나는 이것을 하나님의 사랑과 은혜라고 표현한다. 나는 교수가 된 것을 전적인 하나님의 선물이라고 자랑하고 싶다. 나는 이 일을 통해서 마음속에 비전을 품으면 반드시 이루어진다는 것을 더욱 확신하게 되었다.

1250℃는 최고의 도자기가 만들어지는 온도이다. 이 온도에 도달하면 흙 속에 있던 것들이 녹아 밖으로 흘러나오게 되고 도자기는 아름다운 빛을 내게 된다. 우리도 소중한 꿈을 이루려면 이런 과정을 반드시 겪어야 한다. 비전으로 인해 가슴과 영혼이 뜨거워지면 내면에 간직하고 있던 최상의 것들이 밖으로 분출된다.

비전은 도전정신을 갖고 끊임없이 자기를 혁신할 때 얻어지는 것이다. 나는 스스로 "차갑지도 뜨겁지도 않은 뜨뜻미지근한 상태로 살지 말자"라고 입버릇처럼 되뇌곤 한다. 뜨뜻미지근한 상태에 놓이면 긴장감이 풀어지고 온몸이 노곤해지면서 잠이 오기 시작한다. 이 상태는 그야말로 편안한 것이고 편안하다는 것은 현실에 안주하고 있다는 것을 의미한다. 그러나 변화는 자극을 받아야 시작된다. 뜨뜻미지근한 상태에서는 아무런 자극도 일어나지 않으므로 그 상태로는 발전과 변화를 꾀할 수 없다.

비전이 있고 목표가 있으면 끝까지 신념과 열정을 가지고 도전해야 한다. 마음속에 품은 비전과 꿈에 열정이 담기면 비전과 꿈을 성취하는 과정에서 해야 하는 하찮은 일조차 의미 있는 일로 변한다. 누구에게나 일상적으로 처리해야 할 사소한 일들이 있다. 일상적이고 시시한 일을 처리하지 않는다면 꿈은 현실이 되지 않는다. 가장 따분한 일을 목표지향적인 활동으로 바꾸는 것이 바로 비전과 꿈이다.

목표를 세우는 것이 비전을 이루는 지름길이다

목표가 있는 사람은 성공한다. 어디로 가고 있는지 알기 때문이다.
–얼 나이팅게일

나는 매일 아침 7시가 되면 어김없이 연구실에 도착한다. 집에서 연구실로 오는 동안 계속 기도를 한다. "하나님! 감사합니다. 부족한 사람이 이 좋은 학교에서 학생들을 가르칠 수 있는 기회를 주셔서 감사드립니다."

그리고 내 연구실에 들어가기 전에 문고리를 잡고 간절한 마음으로 기도를 한다.

"하나님! 이곳에 들어오는 모든 학생들이 하나님으로부터 많은 복을 받기를 원합니다. 그들을 사랑해 주시고 미래를 축복해 주세요."

"하나님! 저와 만나는 학생들이 세상을 변화시키는 글로벌 리더가 되게 하시고, 이 민족과 국가를 위해서 크게 쓰임 받는 일꾼이 되게 하옵소서!"

"하나님! 이곳에서 연구하고 집필하는 책들이 사람들을 변화시키게 하옵소서. 사람들에게 영향력을 주는 좋은 책들을 만드는 장소가 되게 하옵소서."

문을 열고 연구실에 들어와서는 감사의 기도를 다시 한다. "오늘 일정 가운데 하나님이 함께하여 주옵소서."

기도 덕분일까. 나는 학생들에게 이런 강의 평가를 받는다. "교수님 수업은 독특해요", "지루하지 않고 재미있어요", "우리들에게 비전과 자신감을 갖게 해요."

나는 학생들에게 '나는 누구인가'를 발견하여 자신의 미래를 위한 비전을 세우고 그 비전을 이루기 위해 실천 가능한 행동수칙과 전략들을 만들게 하는 것을 목적으로 강의를 하고 있다. 비전을 심어주는 강의, 자신감을 주는 강의, 격려를 해주는 강의가 내가 좋아하는 스타일이고 내 강의의 목표다. 그래서 학생들이 내 강의를 좋아하는 것 같다.

나는 학생들이 원하는 것을 잘 알고 있다. 그들은 자신의 비전을 찾고 싶어 한다. 그리고 그 비전을 이루는 방법을 알고 싶어 한다. 동시에 사랑과 격려를 받고 싶어 한다.

나는 목표 없이 사는 사람에게는 하나님의 도움이 없다고 장담한다. 성공한 사람과 실패한 사람의 차이는 그들의 인생에 뚜렷한 목표가 있는지 없는지로 결정된다. 목표는 사람만이 가질 수 있는 특권이다. 동물은 목표 없이 생물학적인 본능만으로 살아간다. 동물은 목표가 없으므로 계획도 없다. 배가 고프면 먹고 졸리면 잔다. 그것을 반복하다 아무 준비 없이 죽음을 맞이한다. 이와 마찬가지로 목표가 없는 사람은 점점 본능적으로 변한다. 눈앞의 것만 생각하고 내일을 계획하지 않는다. 그렇게 살다가 노년을 맞이하고 죽음에 이른다.

성공하는 인생을 살려면 목표를 세워야 한다. 목표를 세우면 할 일이 생기고 그 순간부터 새로운 일이 시작된다. 선다 싱 상마는《목표를 향해 달려라》라는 책에서 목표를 세우면 얻어지는 유익 여덟 가지를 다음과 같이 소개했다.

첫째, 목표는 삶의 방향을 정한다.

둘째, 목표는 열정을 만든다.

셋째, 목표는 결정과정을 단순하게 한다.

넷째, 목표는 자신감을 갖게 한다.

다섯째, 목표는 측정할 수 있는 시스템을 만든다.

여섯째, 목표는 책임질 수 있도록 돕는다.

일곱째, 목표는 관심을 드러낸다.

여덟째, 목표는 욕구를 증가시키고 끈기를 갖게 한다.

이렇게 목표를 세웠을 때 얻을 수 있는 유익이 많다면 우리는 비전을 이루기 위해서 목표부터 세워야 한다.

성공적인 인생이란 무엇인가? 나는 가치 있는 인생의 목표를 정하고 최선을 다하여 그것을 달성하는 삶이라고 생각한다.

사람들은 인생을 마라톤이나 골프에 비유하곤 한다. 두 경기는 모두 출발할 때 목표와 목적지가 정해져 있다는 공통점이 있다. 당신은 인생의 목표와 목적지를 정했는가? 지금 그곳을 향해 가고 있는가? 아직도 나만의 목표를 세우지 않았다면 당신은 지도도 없이 표지판도 없는 도로를 달리고 있는 것과 같다. 하루라도 빨리 출발선으로 돌아와 목표를 점검해야 한다.

안토니 드조자는 삶의 목적과 성취를 이루는 데 있어서 세 종류의 사람이 있다고 말한다. 그 사람들은 승자, 패자, 그리고 떠돌이다. '승자'는 목표를 갖고 성취하는 사람이다. '패자'는 목표를 가졌으나 어려움을 견디지 못하고 패배를 받아들이는 사람이다. '떠돌이'는 목표도 없고 방향도 없는 사람이다. 당신은 세 유형 중에 어느 유형에 속하는가?

목표가 뚜렷하면 자신감이 커지고 동기가 높아진다. 반대로 분명한 목표가 없으면 바다 한가운데서 풍랑을 만나 방향을 잃은 배와 같이 흔들리고 헤매게 된다.

혹시 당신에게 아직도 목표가 없다면 브라이언 트레이시가 《목표 그 성취의 기술》에서 밝힌 '사람들이 목표를 설정하지 않는 이유 4가지'를 참고해보자.

- 목표가 중요하지 않다고 생각한다.
- 방법을 모른다.
- 실패를 두려워한다.

• 타인의 시선을 두려워한다.

그러나 목표가 생기면 열정과 자신감도 더불어 샘솟는다. 어디로 갈지 몰라 두려워하던 마음, 소극적인 태도에서 벗어날 수 있다.

에디슨은 무려 이천 번의 실험 끝에 필라멘트 전구 발명에 성공했다. 그 사실을 알게 된 기자가 그에게 물었다.

"이천 번의 실패를 겪었을 때의 기분을 얘기해 주시겠습니까?"

절망, 고통 등의 대답을 기대한 기자에게 에디슨은 이렇게 말했다.

"실패라니요? 나는 단 한 번도 실패한 적이 없습니다. 전구를 만들기까지 이천 번의 단계를 거쳤을 뿐입니다. 그것은 실패가 아닌 성공으로 가는 단계였습니다."

에디슨은 결과가 아닌 목표에 초점을 두었고, 눈앞의 결과가 아닌 이루어져 가는 목표를 볼 줄 알았다. 이처럼 성공적인 삶을 사는 사람에게는 명확한 목표가 있다. 그들은 명확한 목표를 세우는 것이 비전을 이루는 지름길이라는 것을 잘 알고 있다.

아무리 뛰어난 재능, 능력, 지혜, 열정, 배경 등을 갖춘 사람이라도 꿈만 꾸는 것만으로는 성공할 수 없다. 가슴을 뛰게 하는 비전을 실현하기 위해서는 명확한 목표를 세우는 것이 필요하다.

탁월한 목표관리가 최고의 인생을 만든다

목적이 없는 사람은 키 없는 배와 같다. 한낱 떠돌이요 아무것도 아닌 인간이다. 아니, 인간이라 부를 수 없는 사람이다.

–토마스 칼라일

사람들에게 "당신은 진정으로 부자가 되고 싶습니까?", "당신은 진정으로 성공하고 싶습니까?"라고 물어보면 다들 "네"라고 대답한다. 하지만 중요한 사실을 지나치고 있다. 그것은 바로 '진정으로'라는 말이다. '진정으로'라는 말은 부를 이루고 성공하기 위해 모든 것을 바칠 준비가 되었냐는 뜻이다. 당신이 소중한 꿈을 이루고 목표를 달성하기 위해서는 분명한 비전을 갖고 진정으로 노력해야 한다.

모호한 목표는 실현되지 않는다. 목표가 분명하지 않기 때문이다. 목표는 구체적이어야 한다. 예를 들어, 부자가 되는 것을 목표로 삼으면 절대 부자가 될 수 없다. 월급을 받는 순간 그 돈으로는 부자가 될 수 없다는 사실을 알기에 한편으로 좌절하면서 버는 대로 쓰게 되고 결국 평생을 신용카드에 의존하게 된다. 하지만 목표를 '천만 원 모으는 것'으로 정하면 그 목표를 달성할 가능성이 높다.

영어 공부도 마찬가지다. 영어를 잘 하는 사람이 되고 싶다는 막연한 생각보다는 당장 중학교 기초영문법을 6개월 안에 독파하겠다는 구체적인 목표를 가져야 한다.

단 한 번뿐인 인생을 후회 없이 살기 위해서는 자신만의 맞춤형 목표관리가 필요하다. 그래서 나는 명품 인생을 살기 위한 목표관리의 원리와 전략을 만들었다.

목표를 분명히 세워라

분명한 목표가 없는 인생은 어떻게 살아야 하고 어디로 가고 있는지도 모른 채 그냥 흘러가는 삶을 살고 있다. 그러나 성공한 사람들은 분명한 목표를 가지고 있다. 분명한 목표는 나아갈 방향과 목적을 알게 한다.

스스로에게 질문을 던져보자.

"나는 나만의 목표가 있는가?"

"나의 비전을 이루려면 어떻게 해야 할까?"

이 질문에 대해 명확하게 대답할 수 있어야 한다. 막연한 목표는 차라리 없는 것이 낫다. 명확하게 대답하는 것이 어렵다면 유성은이 《목표관리와 자아실현》이란 책에서 제시한 '목표를 명확하게 만드는 3가지 방법'을 참고하기 바란다.

• 달성하고자 하는 최종결과가 간결하고 분명해야 한다.

• 목표를 기록해야 한다.

• 큰 목표는 여러 개의 세부목표로 분할한다.

목표를 분명하게 세울수록 비전을 이룰 수 있는 가능성이 높아진다. 목표가 명확해질수록 목표의 방향과 전략도 확실해진다.

목표가 확실한 사람은 아무리 거친 길이라도 앞으로 나아갈 수 있다. 그러나 목표가 없는 사람은 아무리 좋은 길이라도 앞으로 나아갈 수 없다.

목표를 기록하라

오래전에 〈USA TODAY〉는 신년 계획을 세운 사람들을 두 그룹으로 분류해 인터뷰를 진행했다. 첫 번째 그룹은 계획을 생각만 해둔 사람들이었고, 두 번째 그룹은 계획을 기록해둔 사람들이었다. 일 년 후에 그들을 다시 인터뷰했다. 머릿속에 계획을 세웠던 첫 번째 그룹 사람들 중 4퍼센트만이 삶에 변화가 생겼다. 그런데 목표를 기록해둔 두 번째 그룹 사람들은 계획을 46퍼센트 이상 달성했다. 신년 계획을 세우고 그것을 5분 동안 기록한 것이 일 년 후에 엄청난 차이로 나타났다. 이것은 목표를 왜 기록해야 하는지 그 중요성을 일깨워주는 좋은 사례이다.

《영혼을 위한 닭고기 수프》의 저자 마크 빅터 한센은 이렇게 말했다. "평생 성취하고 싶은 백 개의 목표를 목록으로 작성해보라. 그러면 놀라운 일이 일어날 것이다. 백 개의 목표를 적은 후 30일 안에 인생에서 엄청난 일이 벌어지기 시작한다."

목표를 분명하게 정했으면 당장 목표를 종이에 기록해 두어야 한다. 생각하고 결심하는 것과 그것을 종이에 적어 눈으로 다시 확인하는 것은 효과 면에서 커다란 차이로 나타난다.

캐나다에 살던 짐 캐리는 영화배우가 되고 싶었다. 그는 할리우드가 미국에 있다는 이유 하나로 꿈에 부풀어 미국으로 건너왔다. 하지만 현실은 냉정했다. 데뷔는 생각만큼 쉽지 않았고 곧 가난에 허덕이게 되었다. 집도 없이 방황하던 어느 날 그는 '더 이상 이렇게 살아갈 수는 없다'고 생각했다. 무작정 할리우드로 달려가 그곳에서 가장 높은 언덕 위로 올라갔다. 그는 할리우드를 내려다보며 품 안에서 수표책을 꺼내 천만 달러라는 액수를 적었다. 그리고 그것을 자신에게 주었다.

'짐 캐리, 너는 영화 한 편당 천만 달러를 받는 배우가 될 것이다.'

짐 캐리는 그날부터 수표를 지갑에 넣고 다녔다. 힘들고 지칠 때면 그 수표를 보며 자신을 격려했다. 그리고 5년 후 그는 영화 〈덤 앤 더머〉의 주인공으로 캐스팅되어 7백만 달러의 출연료를 받았다. 이어서 〈마스크〉의 출연료로 천만 달러를 받았다. 총 1천 7백만 달러! 천만 달러의 배우가 되겠다던 그의 꿈은 두 배에 가까운 성과를 올리며 결국 이루어졌다.

당신도 이루고 싶은 목표들을 지금 당장 종이에 적어보자. 짐 캐리와 같은 기적이 당신에게도 일어날 수 있기 때문이다. 목표를 기록하는 것의 위력은 대단하다. 목표를 머릿속으로 세운다면 그것은 상상이다. 그러나 그것을 종이에 기록하는 순간 실현 가능한 계획이 된다. 지그 지글러는 이렇게 말했다. "우리의 의도를 목표로 기록하는 데 유의하지 않는다면 목표는 단지 흙 없는 씨앗일 뿐이다."

구체적인 목표를 세워라

변화심리학의 권위자인 앤서니 라빈스는 인생을 흐르는 강물에 비유했다. 그의 말을 빌리자면 대부분의 사람들은 아무런 대책 없이 인생이란 강물에 뛰어든다. 큰 갈림길에서는 어디로 가야 할지, 무엇을 준비해야 할지 모른 채 흘러간다. 주변에 휘둘려 집단의 미약한 일원으로 살아간다. 어느 날 눈앞의 폭포를 발견하고 나서 빠져나오려고 하지만 이미 때는 늦었다. 그는 이것을 '나이아가라 증후군'이라고 명명했다.

우리 주변에는 명확한 목표를 세우고 실천하며 사는 사람이 많지 않다. 뚜렷한 목표 없이 안주하며 살다가 어려움을 당하고 난관에 부닥치면 괴로워하고 아무런 준비 없이 결국 추락하는 비극을 맞는다.

물론 목표는 있으나 성공하지 못한 사람들도 있다. 그런 사람들을 살펴보면 대개 추상적인 목표를 세우고 있다. 그러나 성공하는 사람들은 손에 잡힐 듯 구체적인 목표를 세운다. 성공적인 목표 설정의 조건은 바로 '구체성'이다. 목표를 막연하게 추상적인 표현으로 구상했다면 좋은 목표가 될 수 없다. 목표를 세울 때는 시간과 기간, 장소, 목표량, 대상, 만족감 등을 구체적으로 설명하는 것이 좋다. 가능하다면 자신이 해야 할 일과 하지 말아야 할 일에 대한 계획까지 만드는 것이 바람직하다.

구체적인 목표의 예

- 8월 15일까지 '비전과 자기관리'라는 주제로 원고를 3백 매 완성하겠다.
- 일주일에 교양서적 한 권을 읽겠다.
- 현재 체중 80킬로그램을 3개월 후에는 70킬로그램으로 만들겠다.
- 일 년에 천만 원씩 저축하여 10년 안에 내 집을 마련하겠다.

이처럼 목표를 달성하려면 반드시 숫자 목표가 있어야 한다. 그리고 목표는 반드시 제한 시간이 있어야 한다. 일의 마감 시간을 정하는 것은 목표 달성에 도움이 된다.

목표를 실현하는 행동수칙을 세워라

구체적인 장기 목표를 세웠다면 그것을 실현하기 위해 필요한 단기 목표와 행동수칙을 계획해야 한다.

단기 목표와 행동수칙의 예

- 8월 15일까지 원고 3백 매 분량을 완성하기 위해서는 매일 열 매씩 원고를 써야 하므로 하루에 2시간 정도 시간을 투자하겠다.
- 매주 교양서적을 한 권 읽기 위해 하루에 한 시간을 독서하는 시간으로 투자하겠다.
- 현재 체중 80킬로그램을 3개월 후에 70킬로그램으로 만들기 위해서 식사량을 줄이고 매일 저녁 2시간씩 운동을 하겠다.
- 일 년에 천만 원씩 저축하여 10년 안에 내 집을 마련하기 위해서 옷 구입비, 외식비 등을 줄이고 적금을 하나 더 들겠다.

구체적인 목표를 실현하기 위한 행동수칙을 잘 지키기 위해서는 작은 행동수칙 하나라도 늘 점검하고 효율성을 체크해야 한다.

목표의 우선순위를 정하라

인생의 장기·단기 목표를 정하고 구체적으로 실현 가능한 전략과 방법을 작성한 후에는 그것들의 가치를 판단해 우선순위를 정해야 한다. 가장 중요하고 우선적으로 해야 하는 목표부터 하나씩 시작하는 것이 좋다.

- 우선적으로 이루고자 하는 목표부터 공략하라.
- 영향력을 많이 끼치는 목표부터 시작하라.

- '20/80법칙'에 따라 20퍼센트의 중요한 목표에 집중하라.
- 한 번에 하나의 목표가 완료될 때까지 한 가지에만 집중하라.

브라이언 트레이시는 이렇게 말했다. "가장 중요한 목표물을 겨냥하여 방아쇠를 당기는 저격병 같은 사람이 되어야 한다. 마구잡이로 쏘아대는 기관총 사수처럼 동시에 너무 많은 일들을 하려고 덤벼서는 안 된다." 따라서 가장 소중한 목표를 정하고 그것에 우선적으로 집중해야 한다. 가장 중요한 일이 사소한 일들에 휘둘리도록 내버려두어서는 절대 안 된다.

'SMART' 목표 설정의 법칙을 활용하라

간다 마사노리는 'SMART'라는 단어의 첫 글자로 목표 설정의 법칙을 다음과 같이 만들었다.

S(Specific) 구체적이야 하고

M(Measurable) 측정이 가능해야 하며

A(Attainable) 달성이 가능해야 하고

R(Realistic) 현실적이어야 하며

T(Tangible) 확실해야 한다.

목표란 달성할 수 있는 미래의 사건인 동시에 측정할 수 있는 미래의 사건이다. 이 법칙과 원리에 따라 자신의 목표를 정리해보자. 달성할 날짜까지 예상해 최대한 상세하게 작성해보자.

목표 달성의 시너지 효과

목표를 성공적으로 이루기 위한 여러 가지 방법과 전략들을 살펴보았지만 이 방법 외에도 책, 강연, 방송 등을 보면 다양한 형태의 방법을 찾을 수 있을 것이다. 나 역시 내 계획과 목표를 효과적으로 이루기 위해 많은 자료를 수집했고 학습했다. 그러나 아무리 자료를 습득하고 학습을 해서 요령이 늘어도 해결되지 않는 질문이 있었다.

"내가 세운 목표들을 백 퍼센트 성취할 수 있을까?"

정보의 양을 아무리 늘려도 마음속에는 '이 정도로는 부족해. 그렇다면 꿈을 실현하는 것이 불가능하지 않을까?'라는 질문이 남아 있었다. 어쩌면 이 책을 읽고 있는 당신도 나와 같은 불안감을 느낄지도 모르겠다.

'내가 정말 할 수 있을까?' 이런 의문이 커지면 사람들은 다른 여러 가지 이유들을 찾는다. '운명이야, 팔자야, 하늘의 뜻이야, 천지신명 탓이야, 조상 때문이야…….' 내가 열심히 노력하는데도 불구하고 이런 이유들로 안 될 수도 있다는 생각을 마음 한 켠에 두고 완전한 신뢰를 하지 못한다. 우리가 입버릇처럼 하는 '그 사람의 능력이야, 재능이야, 인복이야, 인간관계야, 학벌이야, 좋은 집안 덕이야' 따위의 말도 그런 종류이다.

그러나 우리는 이런 생각들에서 벗어나야 한다. 우리의 목표를 반드시 이룰 수 있도록 문득문득 드는 그 작은 불안감을 잠재워야 한다. 그러면 우리가 미처 채우지 못한 소소한 몇 퍼센트를 채워 백 퍼센트를 만들고 시너지 효과를 낼 수 있다.

단기 목표가 장기 목표와 부합하는지 확인하라

목표를 세우는 것이 성공의 절반이다. 그러나 지나치게 많은 목표를 세우는 것은 좋지 않다. 처음부터 너무 많은 목표를 세우려고 하지 말고 그 중에서 가장 중요한 대여섯 가지만 추려내라. 그리고 그 목표들이 장기 목표와 잘 부합하는지 확인해보라.

단기 목표를 성취하려면 가장 먼저 시간을 적정하게 배분해야 한다. 목표 달성을 위한 시간 관리에는 두 가지 원칙이 있다. 하나는 목표에 투자하는 시간을 늘려가는 것이고, 다른 하나는 목표가 아닌 것에는 시간을 허비하지 않는 것이다.

먼 미래에 일어날 사건들을 구체적으로 그려내는 것은 어려운 일이다. 때문에 미리 무언가를 계획한다는 것이 다소 힘겹게 느껴질 수도 있다. 그러나 계획을 세웠다고 해서 억지로 그 계획을 끝까지 밀고 나가야 하는 것은 아니다. 어쩔 수 없이 목표를 대폭 수정해야 하는 경우가 생기게 마련이다.

따라서 목표 중에 이루지 못한 것이 생길지라도 자책하지 마라. 목표를 이루지 못했다는 사실을 단순하게 받아들이고 그것이 아직 자신의 목표로서 유효한지 생각해보라. 그것을 다시 목표로 세우고 싶은 마음이 간절한지 아니면 지워버리고 싶은지 곰곰이 생각해봐야 한다.

아무리 사소하고 작은 것일지라도 목표를 이루었을 때에는 스스로를 칭찬하라. 그동안의 어려움을 위로하며 잠깐 동안이라도 성취감을 만끽해 보는 시간을 갖는 것이 좋다.

아무리 좋은 목표와 계획을 가지고 있더라도 실천하지 않으면 아무 소용이 없다. 시작은 용머리 같은데 뒤로 갈수록 뱀꼬리인 사람들이 많다. 그래서 시작은 거창했는데 이룬 것은 하나도 없는 사람들이 많은 것이다. 한번 계획을 세웠으면 끝을 봐야 한다.

꿈과 비전을 이룰 수 있는 유일한 길은 '실천'이다. 단순한 실천이 아니라 목표가 달성될 때까지 계속하는 실천 말이다. 무슨 일을 하든 '어떻게 시작하는가'가 아니라 '어떻게 끝을 맺는가'로 평가받는다.

믿음의 날개를 키워라

나는 자신의 비전을 발표한 학생들에게 목청을 높여서 강조하는 것이 있다. 그것은 '믿음의 날개를 키우라'는 것이다.

"여러분의 꿈을 이루기 위해서는 두 날개가 필요합니다. 오른쪽의 날개는 여러분이 대학을 졸업하기 전에 갖추어야 할 실력의 날개, 능력의 날개, 자격증의 날개입니다. 또 하나는 왼쪽의 날개인데 그것은 바로 믿음과 인격의 날개, 비전의 날개입니다. 만약에 여러분이 한 쪽 날개만 있다면 높이 날아오를 수가 없습니다. 어쩌면 뱅글뱅글 제자리에서 맴돌 수도 있습니다. 여러분! 신앙과 인격을 갖춘 비전의 사람이 되어야 합니다."

내가 이렇게 강조하는 이유는 양쪽의 날개를 가져야만 균형 잡힌 날갯짓을 하며 마음껏 날 수 있기 때문이다.

비전과 목표를 이루어내는 과정에 있어서 재능, 노력, 지혜, 전략과 방법, 자기관리 능력은 절대적으로 필요한 요소이다. 그러나 그것이 전부는 아니다. 그것으로 모든 것을 할 수 있었다면 우리는 누구나 성공했을 것이다. 많은 사람들이 노력하면서도 성공을 거머쥐지 못하는 이유는 인간에게는 한계란 것이 있기 때문이다. 인간의 힘으로 할 수 없는 것들이 세상에는 분명 존재하기 때문에 열심히 살아가는 사람들도 한계에 맞닥뜨리면 더 이상 힘을 내지 못하고 좌절을 하거나 포기를 선택한다.

그러나 아주 드물게 한계와 맞서 싸우고 이겨내는 사람들이 있다. 인간으로서 한계를 이겨내고 위대한 일을 했던 사람들을 연구해보면 공통점이 있는데 그것은 그들이 신앙의 사람, 믿음의 사람이었다는 점이다. 그들은 목표를 이루기 위해서 자신이 할 수 있는 모든 노력을 다하면서도 한 가지를 더 갖고 있었다. 그것은 바로 신실한 믿음이었다.

우리가 목표를 향해 발을 내디딜 때 그 앞에 늘 탄탄대로만 있는 것은 아니다. 심사숙고해서 세운 목표가 실현 불가능해 보여 두려울 때도 있고, 때로는 엄청난 시련을 만나서 좌절하기도 한다. 그때 믿음을 가진 사람들은 "사람이 마음으로 자기 앞길을 계획한다 해도 그 걸음은 여호와께서 이끄신다"(잠언 16장 9절) 말씀을 기억하고 불가능하게 보이는 비전과 목표를 가능하게 만든다. 그 힘의 근원은 바로 하나님의 말씀에 대한 믿음이다.

★월간 계획표★

	핵심목표	실행계획	결과
영적생활	1.		
	2.		
	3.		
행복한 가정생활	1.		
	2.		
	3.		
건강관리	1.		
	2.		
	3.		
직장생활	1.		
	2.		
	3.		
자기계발	1.		
	2.		
	3.		
사랑의 실천 (사회봉사)	1.		
	2.		
	3.		
가계경영	1.		
	2.		
	3.		

★주간계획표★

월 일~ 월 일 금주의슬로건:

	핵심목표	우선순위	실행계획	결과
월				
화				
수				
목				
금				
토				
일				

★생활 세부 계획★

시작하는 날	년 월 일	목표 달성일	년 월 일
구체적인 목표			
목표를 이루기 위한 구체적인 행동계획	1.		
	2.		
	3.		
	4.		
	5.		
목표를 이루기 위해 넘어야 할 장애물·방해요소와 그 이유	1.		
	2.		
	3.		
	4.		
	5.		
목표를 이루기 위해 필요한 요소와 그 이유	1.		
	2.		
	3.		
	4.		
	5.		
목표를 이루었을 때 받을 유익			

( )는 반드시 나와의 약속을 지킨다.

이름: 서명:

4장

인격이 비전이다

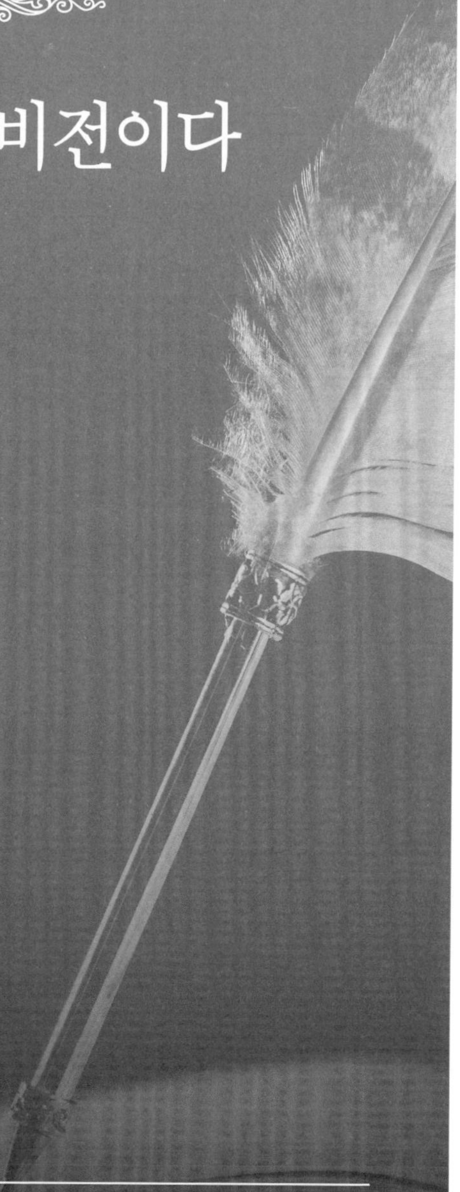

하나님께서는 고결한 인격을 가진 사람을 위대한 인물로 사용하신다.
-토마스 제퍼슨

아무도 보는 이 없을 때 나는 누구인가?

인격은 우리가 무엇을 했는가가 아니라 우리가 어떤 사람인가 하는 것이다.
–빌 하이벨스

나는 위인들의 전기를 읽으면서 공통점 한 가지를 발견했다. 그들이 맨 처음 승리를 거둔 것은 자기 자신과의 싸움에서였다.

'자기 훈련'이란 말은 헬라어의 '붙잡다', '꽉 쥐다'라는 어원에서 파생되었다. 자기 훈련이란 자신을 놓치지 않고 꼭 붙잡고 살아가는 것이다. 자신을 지배하는 사람이 가장 강한 사람이다.

이 세상을 움직이고 변화시킨 리더들의 힘은 무엇일까? 그것은 인격이다. 《세상을 변화시킨 리더들의 힘》이란 책에서 윌리엄 조지는 리더의 인격을 이렇게 정의한다. "진실된 리더는 군림하는 권위가 아니라 따뜻한 인격으로 조직과 사람을 움직인다."

조직과 사람들에게 감동을 주고 영향력을 끼치는 것은 권위, 능력,

지위, 돈, 명성, 학위가 아니라 인격이다. 훌륭한 명예가 금과 같다면 따뜻한 인격은 금광과 같다. 인격은 명예보다 우선이며 인격이 사람의 명예를 결정한다.

인격은 아무도 보는 사람이 없을 때의 행동, 태도, 생각, 가치관이다. 인격은 다른 사람들에게 영향력을 주는 강력한 리더십의 영역에서 중요한 위치를 차지하고 있다. 미국 리더십의 권위자인 워렌 베니스는 이렇게 말했다. "나는 기술적 역량 부족 때문에 리더의 자리에서 물러나는 사람은 단 한 명도 보지 못했다. 그러나 인격의 부재 때문에 물러나는 사람들은 많이 보았다."

비전을 가진 사람이라도 훌륭한 인격이 뒷받침되지 않으면 비전을 이룰 수가 없다. 왜냐하면 비전을 함께 공유하고 이루어갈 사람들이 그의 주변을 떠나기 때문이다. 인격은 사람을 얻는 최고의 힘이다.

인격이 경쟁력이다

미국 메이저리그에 입성한 신인선수들 중 약 5퍼센트만이 메이저리그에서 살아남는다고 한다. 나머지 95퍼센트의 신인선수들은 시기만 다를 뿐 결국 끝까지 가지 못하고 중도 탈락을 하고 만다. 최종 5퍼센트의 선수와 중도 탈락한 95퍼센트의 선수의 차이점은 실력이 아니라 인격이다. 실력과 재능이 우수해도 좋은 인격을 갖추지 못하면 메이저리그에서 살아남을 수가 없다고 한다.

뛰어난 인격이 능력과 재능보다 더 큰 성공을 보장한다. 실제로 메이저리그에 입성한 신인선수들은 야구 훈련과 별도로 인격 훈련을 개인적으로 받는다고 한다. 재능과 기술이 최고인 선수들만 모인 메이저리그에서도 최종 생존 전략은 남들과 차별화된 인격이다.

인격은 쉽게 흔들리지 않으며 엄청난 잠재력을 발휘하는 경쟁력이다. 성공하는 기업의 경쟁력은 자본과 기술이 아니라 인격을 갖춘 인재들이다. 최고가 되고 싶다면 탁월한 능력을 갖추는 것에 앞서 제대로 된 인격을 갖추어야 한다.

위대한 지도자라도 인격이 없으면 사람들의 속마음까지 움직이게 할 수는 없다. 진정으로 위대한 사람은 인격으로 사람들의 마음을 사로잡는다. 성공하는 리더들의 공통점은 인격을 갖추었다는 것이다. 인격을 갖춘 사람은 주변의 사람들에게 존경과 사랑을 받게 되어 성공하게 된다. 존경받는 리더십은 인격에서부터 나온다. 인격과 리더십은 정비례한다. 훌륭한 인격을 가진 사람은 성공적으로 리더의 역할을 수행한다.

인격은 배려이다

《신뢰받는 리더》라는 책에는 신뢰받는 리더에 관한 설문조사 결과가 나온다. 신뢰받는 리더의 특징과 능력을 알아보기 위해 다양한 조직에서 근무하고 있는 백여 명의 사람들에게 다음과 같은 질문을 했다. “자신의 회사에서 가장 신뢰받는 리더의 특징과 능력은 무엇인가?”

사람들은 공통적으로 배려, 정직, 신뢰, 솔직함, 성실, 일관성 등을 언급했고 그 중에서 배려와 정직함이 각각 1위와 2위를 차지했다. 배려는 상대방을 존중하는 마음에서 나온다. 상대방을 존중하는 배려의 마음은 스스로를 존중할 줄 아는 자존감에서 나온다. 존중하는 마음은 상대방을 자신보다 낮게 생각하는 마음이다. 교만한 사람은 상대방을 배려하지 않고 상대방의 지위, 직업, 권력, 돈 등에 따라 태도를 자주 바꾼다. 그러나 겸손한 사람은 누구에게나 공평하고 겸손하게 대하되 그런 행동으로 무엇이 얻어지길 바라지 않는다.

인격은 평판이다

평판은 가장 중요한 재산이다. 평판은 당신에 대한 주변 사람들의 생각과 말이다. 인격이 좋은 사람일수록 평판이 좋다. 평판은 내 인격의 얼굴이다. 좋은 평판을 얻고 있다는 것은 좋은 인간관계를 맺고 있다는 것뿐만 아니라 사람들로부터 존경과 인정을 받고 있다는 말이다. 성공한 사람들은 언제나 자신의 행동이 다른 사람들에게 어떻게 평가받고 있는지를 생각하면서 살아간다.

인격이 운명이다

존 맥케인은 《인격이 운명이다》라는 책에서 "나는 운명을 믿지 않는다. 단지 인격을 믿을 뿐이다"라고 말했다. 그러면서 그는 인격의 힘에 대해서 이렇게 강조했다. "인생을 지배하는 것은 재능이 아니라 인격이다. 운명을 결정하는 것은 인격이다. 인격 말고는 다른 아무것도 없다. 아무리 강력한 적도 내게서 인격을 훔쳐갈 수는 없다. 아무리 친한 친구도 내게 인격을 선물할 수는 없다."

리더는 인격을 갖추어야 한다. 인격을 갖추지 않으면 사람들이 따르지 않는다. 새무얼 스마일즈는 "천재성은 감탄을 자아내지만 인격은 존경을 불러일으킨다"라고 했다. 대부분의 사람들은 처음에는 눈에 보이는 요소들, 천재성, 능력, 재능 등에 감동하지만 나중에는 눈에 보이지 않는 인간성에 감동한다.

인격은 열정이다

훌륭한 인격에는 열정을 불러일으키는 힘이 있다. 군인들에게 죽음을 불사하도록 용기를 불어넣는 것은 열정이다. 그러나 이 열정의 공급처는 지휘관의 훌륭한 인격이다. 조직원들에게 열정을 심어주는 것은 리더의 훌륭한 인격이다. 자녀들에게 열정을 심어주는 것은 부모의 훌륭한 인격이다. 학생들에게 열정을 심어주는 것은 선생님의 훌륭한 인격이다. 훌륭한 인격을 가진 사람은 다른 사람들에게 열정을 심어준다. 훌륭한 사람의 인격은 다른 사람들에게 긍정적인 영향력을 끼친다.

라 로슈프코는 "열정은 늘 대단한 설득력을 지닌 오직 하나의 웅변가다"라고 말했다. 사람의 마음을 움직이려면 강력한 열정이 필요하다. 훌륭한 인격을 갖춘 사람은 열정을 불러일으킬 수 있다. 훌륭한 인격을 가진 사람은 의도하지 않아도 자연스럽게 다른 이들을 감동시켜 그들에게 열정을 불러일으키기 때문이다.

인격은 행동으로 모범을 보이는 것이다

인격은 행동으로 나타난다. 인격자는 본을 보여주는 사람이다. 실천과 행동이 없는 인격은 죽은 인격이다. 죽은 인격은 다른 사람들에게 영향력을 끼치지 못하며 사람들을 움직이는 힘을 발휘하지 못한다.

인도의 지도자 간디는 실천하는 리더였다. 그는 '벌거벗은 수도승'이라는 조롱에도 굴하지 않고 가난한 대중의 생활방식을 실천하며 검소하게 살았다. 권력을 휘두르는 대신 비폭력운동을 전개했다. 만델라는 27년간의 수감 생활의 고난 속에서도 관대함과 인내로써 인종차별 정책을 폐지하고 조국의 화합을 가져오게 했다.

리더로서 해야 할 가장 중요한 일은 모범이 되는 것이다. 말한 것은 실천하고 솔선수범을 보이는 것이다. 아무도 보는 이가 없다고 하더라도 누군가가 보고 있는 듯이 행동해야 한다. 이것이 행동하는 인격이다. 새무얼 스마일즈는 "햇빛이 아주 작은 구멍을 통해서도 보여질 수 있듯이 사소한 일이 사람의 인격을 설명해줄 것이다"라고 했다. 여기서 말하는 '사소한 일'이 바로 솔선수범이다.

정직을 잃으면 인격의 중심을 잃는다

한 사람의 인격이란 그 자신이 만든 건축물이다.
–루이스 네벨슨

정직은 선과 악을 분별하는 시기부터 강조되는 미덕이다. 우리가 어린 시절 읽었던 동화에 거짓말과 정직에 관련된 이야기가 많은 것도 이런 까닭이다. 우리는 〈양치기 소년〉을 읽으며 장난삼아 하는 거짓말도 옳지 않음을 배웠다. 〈벌거벗은 임금님〉 이야기를 읽으며 인간이 상황과 이득에 휩쓸려 얼마나 쉽게 정직을 버리는지 보았다. 우리는 동화, 훈계, 경험으로 정직의 중요성을 반복해서 습득해왔다. 그러나 생각만큼 정직한 삶을 살고 있지는 못하다. 그러나 훌륭한 인격을 가진 사람들은 하나같이 정직을 지켜냈다. 정직은 그 사람의 인격을 좌우하는 중요한 요소이기 때문이다.

《백악관을 기도실로 만든 대통령 링컨》이란 책에 보면 링컨의 정직에 관한 일화가 나온다.

링컨이 가게 문을 막 닫으려는 밤늦은 시간에 한 손님이 갑자기 들어왔다.

"여보게, 링컨! 집에 손님이 찾아왔는데 마침 마실 차가 똑 떨어졌지 뭔가. 그래서 들렀네. 차 5백 그램만 주게!"

이렇게 해서 물건을 판 링컨은 다음 날 아침 가게 문을 열고 물건들을 정리하다 저울의 눈금이 잘못되어 있는 것을 발견했다. 저울의 눈금이 '0'이 아닌 50그램을 가리키고 있는 것이었다. 순간 링컨은 어제 밤늦게 찾아왔던 손님을 떠올렸다. 그는 즉시 그 손님의 집으로 달려가 자기의 실수를 말하고 50그램의 차를 되돌려주며 이렇게 말했다.

"급하게 문을 닫으려는 마음에 저울의 눈금을 제대로 확인해보지 못하고 손님에게 손해를 입혀 죄송합니다."

결국 이런 일들은 마을 주민들을 감동시켰고 링컨은 '정직한 에이브'라는 호칭을 얻게 되었다.

나는 미국에서 석사과정을 공부하는 동안에 나의 정직성을 시험당하는 일이 있었다. 1학기를 마치고 다음 학기 등록금을 내려고 통장을 정리해 보았다. 그런데 이게 웬일인가! 빠져나가야 할 1학기 등록금 중에서 1,800불의 돈이 아직 내 통장에 그대로 남아 있었다. 순간 나는 별의별 생각이 다 들었다. 어느 독지가가 가난한 유학생을 위해 후원한 돈인가, 아니면 한국에서 보낸 아내의 향토장학금인가. 아니면 어떤 사람이 잘못해서 내 통장에 입금을 한 것인가……. 나는 벌렁

거리는 가슴을 가라앉히고 가만히 생각을 해 보았다. '아, 학교에서 실수한 것이 틀림없다.'

나는 다음 날 일찍 학생 서비스센터에 가서 짧은 영어로 이렇게 말했다. "내 통장에서 등록금이 빠져나가지 않았습니다. 빨리 등록금을 인출해 가세요." 내 말을 들은 담당자는 이상한 눈으로 나를 쳐다보면서 그런 일은 있을 수 없다고 말했다. 그 순간 나는 이런 생각이 들었다. '아! 내가 불쌍해서 하늘이 도와주려나보다.' 동시에 이런 생각도 들었다. '아니야, 이것은 나의 정직성을 시험하는 거야!'

그래서 담당자에게 다시 한 번 사실을 있는 그대로 말해 주었다. 그런데도 담당자는 "그 돈은 당신 것이다"라고 말했다. 그러면서 귀찮게 하지 말고 빨리 나가 달라고 했다. 나는 하는 수 없이 그곳을 나왔다. 집으로 가는 차 안에서 곰곰이 생각하고 또 생각해도 그 돈을 그냥 가질 수는 없었다. 그래서 다음 날 학생 서비스센터에 또 찾아가서 "아무리 생각해봐도 내 통장에 남아있는 돈은 내 돈이 아닙니다. 제발 이 돈을 가져가 주세요"라고 말했다. 담당자는 내 말을 듣고 난 후 상사에게 가서 사실 확인을 했다. 그리고 나에게 와서 이렇게 말했다. "당신 말이 맞습니다. 우리의 실수로 통장에서 돈이 정상적으로 빠져나가지 않았습니다. 당신은 참 정직한 사람입니다."

그 돈을 돌려주고 집으로 돌아오는 내 마음은 새털같이 가벼웠다. 나는 스스로 자신을 칭찬했다. 그리고 마음속으로 다짐했다. "정직은 생명처럼 중요하다", "정직이 성공하는 것보다 더 중요하다."

정직을 잃으면 인격의 중심을 잃는 것과 같다. 나는 레스 T. 쏘르바가 쓴 《신뢰》라는 책을 읽으면서 정직의 중요성을 다시금 알게 되었다. 이 책에는 이런 문장이 있다. "신뢰 없이 리더십이라는 의자에서 쉬려는 사람이 있다면 CEO든, 정부 관료든, 신도를 이끄는 목사든, 아이의 부모든, 그는 떨어질 수밖에 없다. 능력이든, 실용주의든, 카리스마든, 신뢰 이외의 다른 바탕 위에 구축된 리더십은 마침내 앉은 사람의 무게를 견디지 못하고 부서지게 될 것이다."

비전을 이루려면 자존감이 높아야 한다

당신이 좋아하지 않는 것은 바꾸도록 노력하라. 그러나 바꿀 수 없다면 불평을 그만두고 자신의 태도를 바꿔보라.
—마야 안젤루

우리는 남들처럼 살지 않으면 도태될지도 모른다는 불안감을 안고 살아가고 있다. 남들에게 인정받지 못하면 상처를 받고 스스로 자책하며 존재의 상실감을 느낀다. 그런 사람은 자기 이미지가 좋지 않다. 다른 사람과 잘 지내고 싶다면 먼저 자신과 친해야 한다. 자신을 사랑하지 않으면 남을 사랑할 수 없다.

나 역시 남들에게 그럴듯하게 보이기를 바랐다. 때로는 남들에게 나약하게 보이기 싫어서 일부러 강한 척을 하기도 했다. 내가 이런 가면을 쓰고 사는 동안 나는 자신을 사랑하지 못했다. 그러나 내 자신이 소중한 존재라는 것을 스스로 인정하는 순간 행복할 수 있었다.

자신의 성품을 좋게 하고 자기평가를 높이기 위해 사용할 수 있는 가장 강력한 말은 "나는 나를 사랑해!"이다. 이 말을 많이 반복할수록 자기평가는 높아진다. 그러면 자신감이 생기고 높은 목표에 도전할 수 있다.

사람은 누구나 무한한 가능성을 가지고 세상에 태어났다. 사람의 가치는 값으로 환산할 수 없다. 당신의 운명을 바꿀 말을 계속해서 말해보라. "나는 세상에서 가장 소중한 존재다."

오늘 더 나를 사랑하라

비전을 이루려면 먼저 자신이 누구인가를 알아야 한다. 다음의 질문에 대해서 진지하게 생각해보라.

나는 어떤 사람인가?

나는 어디에서 와서 어디로 가고 있는 것인가?

나는 무엇 때문에 이 세상에 태어났을까?

나는 무엇을 잘 할 수 있을까?

나의 존재는 어떤 가치를 갖는가?

나는 나 자신을 신뢰하는가?

나의 자존감은 높은가, 낮은가?

이 질문은 철학을 연구하는 사람들만의 전유물이 아니다. 인간이 스스로 행복하게 살기 위해서 반드시 해결해야 하는 질문이다. 이 문제의 해답을 얻게 되면 당신은 살아가는 이유와 까닭을 알게 되고 삶을 대하는 자신감이 올라가는 것을 경험할 것이다.

자신의 비전을 이루기 위해서는 먼저 자신을 사랑하고 자신을 신뢰하고 자존감이 높아야 한다. 그러기 위해서는 자신에 대해서 알아야 한다. 스스로 자신을 인정하고 자신의 존재 이유와 존재 가치에 대해 알아야 한다.

백석대학교 교수멘토링위원회에서 만든 '대학생활과 진로'에서는 자신감을 다음과 같이 정의한다. '자신감은 자기를 믿는 마음, 즉 자신을 신뢰하는 마음이다. 보통 자신감이 있는 사람이 자신이 추구하는 것이 옳고 그것을 성취할 수 있다고 믿는다.' 그리고 이어서 자신감을 높이는 구체적인 방법으로 '주도적인 인생을 살아라, 적절한 목표를 갖자, 우선순위를 정하고 행동하라, 남의 평가에 얽매이지 마라, 칭찬받고 싶다면 칭찬하라, 긍정적인 언어를 사용하라' 등을 제시했다.

나는 과연 자신감이 있는 사람인가? 자신에게 질문해보고 자신이 해당하는 문장에 ☑표로 체크해보자.

나는 자신감이 많은 사람이다. ☐

나는 자신감이 적당한 사람이다. ☐

나는 자신감이 적은 사람이다. ☐

나는 자신감이 없는 사람이다. ☐

앞에 체크된 것은 당신이 생각하는 자존감의 수치이다. 이제 객관적인 자존감 수준을 다음 페이지에서 측정해볼 것이다. 자존감을 측정하기 전에 당부하고 싶은 것은 결과에 대해서 너무 두려워하지 말라는 것이다.

★자존감 체크리스트★

아래 문항을 읽고 동의하면 ○, 그렇지 않으면 ×로 표시해보자.

1. 나는 소수의 친구로 만족한다. ( )
2. 나는 평소에 기쁘게 사는 편이다. ( )
3. 나는 다른 사람들 못지않게 많은 일을 해낼 수 있는 능력이 있다. ( )
4. 나는 대부분의 여가 시간을 혼자 보내는 편이다. ( )
5. 나는 내가 남성(여성)인 것에 만족한다. ( )
6. 내가 알고 있는 대부분의 사람들은 나를 좋아한다. ( )
7. 나는 어떤 중요한 과제나 과업을 시도할 때 보통 성공한다. ( )
8. 나는 지적 수준이 제법 있는 사람이다. ( )
9. 나는 스스로를 중요한 사람이라고 생각한다. ( )
10. 나는 쉽게 의기소침해지는 편이다. ( )
11. 할 수만 있다면 나 자신에 대해 많은 것을 변화시키고 싶다. ( )
12. 나는 다른 사람 못지않게 외모가 괜찮은 편이다. ( )
13. 적지 않은 사람들이 나를 싫어한다고 생각한다. ( )
14. 나는 평소에 긴장하거나 불안해하는 편이다. ( )
15. 나는 자신감이 부족하다. ( )
16. 나는 자주 내가 쓸모없는 존재라고 느낀다. ( )
17. 나는 남 못지않게 건강하고 튼튼하다. ( )
18. 나는 감정이 쉽게 상하는 편이다. ( )
19. 다른 사람에게 내 의견이나 감정 상태를 표현하는 것이 쉽지 않다. ( )
20. 나는 종종 자신에 대해 부끄러움을 느낀다. ( )

21. 대체로 다른 사람들이 나보다 더 성공한 것 같다. ( )

22. 나는 왠지 이유 없이 자주 불안을 느낀다. ( )

23. 다른 사람들처럼 나도 행복해졌으면 좋겠다. ( )

24. 나는 실패자다. ( )

25. 나는 내 의견이나 견해를 좋아한다. ( )

26. 나는 왠지 새로운 사람들을 만나기가 쉽지 않다. ( )

27. 나는 자주 화를 내는 편이다. ( )

28. 대부분의 사람들은 내 의견과 생각을 존중해 준다. ( )

29. 나는 다른 사람들에 비해 예민한 편이다. ( )

30. 나는 다른 사람들만큼 행복을 누린다고 생각한다. ( )

31. 나는 무슨 일을 시도할 때 주도하는 능력이 좀 부족한 것 같다. ( )

32. 나는 무슨 일이든 많이 걱정하는 편이다. ( )

※자존감 지수 결과보기

표준답안 ○: 2, 3, 5, 6, 7, 8, 9, 12, 17, 25, 28, 30

×: 1, 4, 10, 11, 13, 14, 15, 16, 18, 19, 20, 21, 22, 23, 24, 26, 27, 29, 31, 32

30개 이상: 매우 높은 자존감 수준

27~29개: 높은 자존감 수준

20~26개: 보통 자존감 수준

15~19개: 다소 낮은 자존감 수준

14개 이하: 낮은 자존감 수준

출처: 백석대학교 '대학생활과 진로'

자존감 체크리스트의 점수로 나타난 결과에 실망하거나 걱정하지 마라. 이 측정의 목적은 결과의 점수가 아닌 당신이 자신을 아는 것이다. 이 점수는 현재의 나를 알기 위한 기초자료에 지나지 않는다. 이것이 나의 현재와 미래를 좌우하는 것은 아니다.

나는 내 인생의 주인공이다

네가 평생을 바친 것이 무너지는 것을 보고도 낡은 연장을 집어 들고 다시 세우려는 의지가 있다면 비로소 너는 어른이 된 것이다.
–러디어드 키플링

인생을 사계로 나눈다면 내 인생은 어느새 여름을 지나 가을 중반에 와 있다. 조금 있으면 알곡이든 쭉정이든 삶을 추수해야 할 때가 올 것이다. 문득 내 인생의 가을은 대풍년인지 흉작인지 생각해본다.

나는 아직 '인생은 이런 것이다'라고 단언할 만큼 살진 않았지만, 지난 시간을 돌이켜볼 때 결국 인생이란 '나에게 주어진 일 중에 의미 없고 가치 없는 것은 없다'라는 사실을 깨닫는 과정이었던 것 같다. 그렇기에 어려웠던 순간에도 희망의 끈을 놓지 않고 버틸 수 있지 않았나 생각한다. 그래서 좌절의 순간이 찾아와도 나는 겁내지 않는다. 그것을 디딤돌 삼아 다시 일어설 수 있다고 믿기 때문이다.

사람들을 만나보면 참 많이 바쁜 사람인데도 여유로워 보이는 사람이 있다. 그런 사람들에게 바쁘면서도 여유 있어 보이는 비결을 물은 적이 있다. 그들의 답변에는 공통적으로 들어가는 말이 있었다. 바로 초지일관(初志一貫)이다. 이미 갈 곳이 정해져 있으니 갈팡질팡할 필요도 없고, 너무 서두를 필요도 없이 묵묵히 나아간다는 것이다. 어쩌면 목표에 대한 흔들림 없이 묵묵히 자신의 길을 가는 모습이 다른 사람에게 여유로 보일 수도 있을 것이다.

그런데 목표는 잊고 단지 일에만 열중하는 사람들이 있다. 이런 사람들을 보면 눈가리개로 시선을 가린 채 앞만 보고 달려나가는 경주마가 떠오른다. 물론 그들에게도 처음에는 삶의 목표, 일하는 목표가 있었을 것이다. 하지만 시간이 지나다 보니 그 의미가 퇴색된 것이다. 이런 사람들은 어느 순간 "내가 왜 살지?"라는 질문에 부딪혔을 때 정확한 답을 구하지 못할 수도 있다. 즉, 자신이 향해 가고 있는 최종 목적지를 잃은 것이다. 자신의 최종 목적지를 잃지 않기 위해서는 "무엇을 위해 살지?", "내가 추구하는 인생의 목표는 뭐지?" 같은 질문을 스스로에게 주기적으로 던져야 한다.

오늘 변화하고 성장할 것이라 다짐하라

신은 만인을 평등하게 창조하셨다. 그런데도 왜 어떤 사람은 다른 사람들보다 더 큰 성취를 이루는가? 그것은 그들이 비전과 열정을 가졌고, 그것을 실행으로 옮겼기 때문이다.
–토마스 빌로드

틀에 박힌 자기인식에서 벗어나지 못하는 사람들이 많다.

'난 똑똑하지도 않고 재능도 없는 평범한 학생일 뿐이야.'

'난 다람쥐 쳇바퀴 돌 듯 사는 월급쟁이야.'

'난 하루 벌어 하루 먹고사는 자영업자야.'

혹시 당신도 자신을 이렇게 생각하고 있는 것은 아닌가? 우리에게 최대의 장애물은 그릇된 사고방식이다. 자신과 다른 사람을 인식하는 방식을 바꾸어야 한다.

살아가면서 성장하지 못하는 사람들이 매우 많다. 이런 사람들에게는 한 가지 공통점이 있는데, 그것은 변화나 발전이 전혀 없다는 것이다. 그런 사람들의 인생은 러닝머신과 같다. 쉬지 않고 걸었지만 실상 아무 곳에도 가지 못했다.

물론 변화를 시도한다는 것은 생각만큼 만만한 작업이 아니다. 변화를 시도하는 데에는 극심한 저항이 따르기 때문이다. 대체적으로 사람들은 변화를 싫어한다. 지금껏 해왔던 것들을 다른 것으로 대체한다는 일은 생각만 해도 끔찍하다. 그래서 대부분 "내일부터 바꾸지 뭐", "그냥 이대로 살다가 죽을래!' 이렇게 생각하며 변화에 대해 거부하는 것이다. 변화하고 싶은 당신의 발목을 잡는 것은 그 누구도 아닌 바로 자신이다.

나는 변화를 두려워하는 사람들에게 오히려 변화를 즐기라고 조언해주고 싶다. 두려움은 극복하는 것이 아니라 받아들이는 것이다. 두려움을 극복해서 없애야 한다고 생각하기보다는, 오히려 두려움을 받아들여서 줄이면 된다고 생각하면 마음이 훨씬 가벼워진다.

위대한 성공이 모두 그렇듯 당신의 인생을 흔들어 놓을 엄청난 여정은 작은 한 걸음에서 시작된다. 오늘을 생애 최고의 날로 살겠다는 의지를 머릿속에 각인하면 자신의 삶이 지금까지와는 전혀 다르게 보일 것이다. 그래서 꿈에 그리던 삶을 입으로만 떠드는 것이 아니라 그런 삶을 살기 위한 변화를 시도하게 될 것이다.

비전과 꿈이 삶의 밑그림이라면 목표와 계획은 비전을 현실로 옮기는 과정이다. 그렇게 살려면 철저한 자기 절제가 있어야 하고 실천이 뒤따라야 한다. 말로만 멋진 삶을 이야기한다면 최고의 날은 결코 오지 않는다.

목표는 이룰 수 있기 때문에 존재하는 것이다. 생애 최고의 날을 살겠다는 것은 자신이 평소에 되고 싶었던 모습으로 살아가는 것을 의미한다. 가장 멋진 자신의 모습을 꿈꾸면서 그 모습이 되기 위해 노력하는 순간이 모여 최고의 인생을 살게 되는 것이다.

불평하기 전에 자신을 돌아보라

누군가 내게 "당신이 한 일 중에 가장 자랑하고 싶은 것은 무엇인가?"라고 묻는다면, 나는 서슴지 않고 "내가 잘할 수 있는 일을 하나씩 발견해 온 것"이라고 대답할 것이다.
–마야 안젤루

"사람은 울면서 태어나 불평하며 살다가 실망하며 죽는다"는 말이 있다. 사람에 따라 각자 잘하는 것과 못하는 것이 있지만 모두 잘하는 것이 있는데, 그것은 불평이다. 불평은 마음에 들지 않아 못마땅하게 여기는 것이다. 못마땅한 것을 말이나 행동으로 드러내면 습관이 된다. 그러나 불평이 줄어들면 행복한 삶, 즐거운 삶을 누릴 수 있다.

마틴 루터 킹 목사는 흑인의 인권 향상에 대해 연설하면서 "우리는 정말 끔찍한 대우를 받고 있습니다"라고 하지 않았다. 그는 "나에겐 꿈이 있습니다"로 시작하는 연설을 했고 그 연설은 지금까지도 사람들의 심금을 울리고 있다. 그는 불평하는 대신 힘 있고 긍정적인 연설을 하여 사람들을 꿈꾸게 만들었다.

영국의 총리였던 토니 블레어는 성실한 사람이었다. 그는 명문 고등학교를 다니던 중 집안의 형편이 기울어 잠시 학교를 휴학하고 슈퍼마켓에서 일을 하게 되었다. 그는 "친구들은 학교에서 공부하고 있는데 내 꼴은 이게 뭔가" 하고 처지를 불평하고 비관하지 않았다. 항상 웃으면서 손님을 대했고 밝고 활기차게 일하는 모습은 손님 모두에게 좋은 인상을 심어 주었다. 그가 점원으로 있던 슈퍼마켓에는 당시 외무부 장관이 자주 드나들었다. 그는 성실하게 일하는 토니 블레어에게 좋은 인상을 갖게 되었고 자기 사무실에서 일하게 했다. 그 후 토니 블레어는 고등학교를 졸업한 후 옥스퍼드 대학교를 거쳐 변호사가 되었다. 그리고 하원 의원을 거쳐 1997년 40대 초반의 나이로 영국의 총리가 되었다. 만일 그가 자기가 처한 환경에 대해 불평만 일삼았다면 오늘날의 그는 존재하지 않았을지도 모른다.

비전과 꿈을 이루려면 불평하지 말아야 한다. 또한 다른 사람을 비난하거나 책망하지 말아야 한다. 그렇게 하면 고통을 당하는 사람은 바로 나 자신이다. 나는 단점보다 장점에 주목하려고 노력한다.

나는 개강하는 날 학생들과 함께 자기소개 시간을 갖는다. 여느 소개 방식과 큰 차이가 없다. 다만 작은 차이가 있다면 자신의 단점보다는 장점만 말해야 된다는 것이다. 이때 학생들은 크게 두 가지 반응을 보인다. 가장 흔한 반응은 "아무리 생각해도 잘하는 것이 없습니다"라는 것이다. 그럼에도 불구하고 나는 자신의 장점을 말하게 한다. 반면 소수의 학생들은 자신의 장점을 신나게 이야기한다.

이렇게 발표가 끝나고 나면 학생들의 얼굴에 희망의 빛이 감도는 것을 느낄 수 있다. 그 이유는 무엇일까? 사람은 누구나 자신의 좋은 점을 이야기할 때 신바람이 나게 마련이다. 한마디로 자신의 잘하는 점을 이야기하게 되니 자신감이 생기고 얼굴에 생기가 도는 것이다.

어떤 일에서 탁월한 성과를 내는 것은 결국 자신의 강점에 기반을 둔 것이다. 약점을 보완하여 위대한 성취를 이룬 경우는 거의 없다. 그럼에도 불구하고 우리는 강점을 개발하는데 집중적으로 투자하지 않는다. 대신 "나의 이런 점을 고치면 잘 될 수 있는데"라며 자신의 약점을 보완하려고 한다. 나는 자신의 강점을 더욱 강화시켜 나가는데 전념하는 것이 훨씬 효과적이라고 생각한다. 그렇게 하는 것이 비전을 이루는 지름길이라고 여긴다.

비전을 이루는 비결은 자신의 장점을 더욱 잘하게 만들어 남보다 뛰어나게 되는 것이다. 자신의 강점을 개발하는데 시간과 노력을 최대로 투자하라. 약점은 비전을 이루는데 훼방꾼 역할만 하지 않을 정도로 보완하고 관리하면 된다. 꿈을 이루려면 자신의 강점을 총동원해야 한다.

★꿈을 이루기 위해 지켜야 할 행동수칙★

미래에 자신의 꿈을 이루기 위해서는 자신의 장점과 단점을 모두 알아야 한다. 장점과 단점을 기록해보고, 장점을 더욱 발전시키기 위해 해야 할 행동, 단점을 보완하여 장점으로 만들기 위해 해야 할 행동을 찾아보라. 이렇게 작성된 행동수칙은 나의 단점을 고치고 강점은 더욱 발전시켜서 비전을 이루는 데에 도움이 될 것이다.

이해를 돕기 위해 나의 비전 너머의 비전을 이루기 위한 열 가지 실천 강령을 소개하겠다.

1. 나는 하나님을 사랑하고, 이웃을 사랑하고, 가족을 사랑하고, 자신을 사랑한다.
2. 나는 생명을 살리는 교육을 목표로 가르치고, 생명을 살리는 교수가 되도록 최선을 다한다.
3. 나는 사랑과 열정으로 학생들에게 영향력을 끼치고 감동을 주는 교수가 되기 위해 최선을 다해 강의를 준비한다.
4. 나는 일 년에 두 권의 책을 출간하기 위해서 매일 두 시간 이상 책을 읽고 한 시간 이상 글을 쓴다.
5. 나는 책과 세미나를 통한 수입금 중에서 10%는 하나님께, 10%는 사랑의 밥차를 준비하기 위한 설립 자금으로, 10%는 제자들을 돕는 장학금으로, 20%는 '해피앤비전스쿨(Happy and Vision School)' 설립 자금을 마련하기 위해서 저축한다.
6. 나는 건강관리를 위해서 매일 한 시간 이상 운동을 한다.
7. 나는 항상 웃고 밝은 표정으로 사람들을 대하고 겸손한 마음으로 섬긴다.
8. 나는 나보다 남을 낫게 여기고, 존중하고, 칭찬한다.

9. 나는 항상 정직하고 성실한 태도로 일한다.

10. 나는 매일 성경을 읽고 기도하는 것을 게을리 하지 않는다.

자, 이제 꿈을 이루기 위한 당신의 행동수칙을 적어보라.

1. 나는 ____

2. 나는 ____

3. 나는 ____

4. 나는 ____

5. 나는 ____

6. 나는 ____

7. 나는 ____

8. 나는 ____

9. 나는 ____

10. 나는 ____

5장

좋은 습관은 비전을 여는 열쇠다

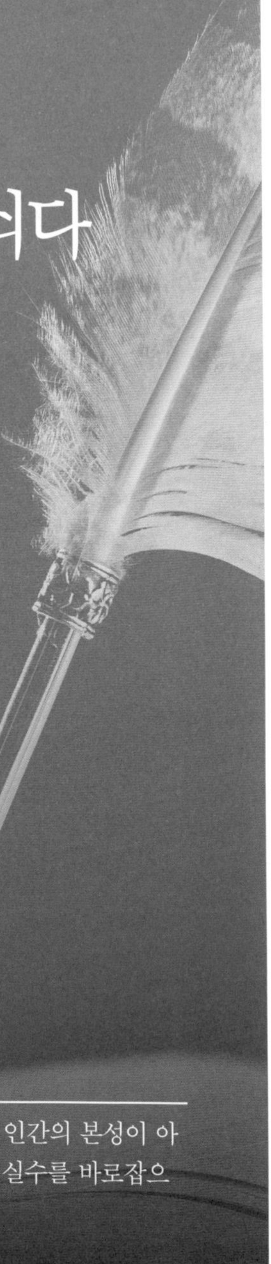

어느 누구도 완벽하리라고는 기대하지 않는다. 완벽은 인간의 본성이 아니다. 내가 기대하는 것은 위험을 무릅쓴 시도, 실패와 실수를 바로잡으며 얻은 교훈들이다.

-마이크 암스트롱

가장 위대한 혁신은 습관과 싸워 이기는 것이다

실패한 사람과 성공한 사람의 차이는 단지 그들의 습관에 있다. 좋은 습관은 모든 성공의 열쇠이다. 나쁜 습관은 실패로 가는 문이다. 그러므로 우리가 지켜야 할 제1법칙은 좋은 습관을 만들어 좋은 습관의 노예가 되는 것이다.
-오그 만디노

우리는 역사에 이름을 남긴 수많은 사람들을 알고 있다. 그러나 그들 중에는 성공적인 삶을 살지 못한 사람들도 있다. 원대한 꿈을 꾸고 그 꿈을 이루었더라도 끝까지 자신을 지키지 못하면 그것은 반쪽짜리 성공이다.

프로이트는 정신의학 분야에서 놀라운 업적을 남겨 정신의학의 아버지라고 불린다. 그러나 승승장구하던 그의 발목을 잡은 것은 담배였다. 그는 담배와 사유 간의 상관관계를 밝히는 데는 성공했지만 금연에는 실패했다. 담배를 끊으라는 주치의의 경고에도 불구하고 담배를 끊지 못해서 입안에 생긴 종양이 청신경을 마비시키고 턱과 눈까지 번져 35회 이상 수술을 받았다. 그런데도 담배를 끊지 못했다. 놀라운 업적을 남겼지만 그의 인생이 고통으로 마감된 것은 자기관리, 특히 건강관리에 실패했기 때문이다.

자신의 비전을 성공적으로 이루어내고 그것을 오래 지키려면 무엇이 필요할까? 그것은 자기관리 능력이다. 프로이트가 연구만큼이나 자기관리에 철저했다면, 그래서 그가 인류를 위해 10년쯤 더 연구를 했다면 정신의학 분야는 지금보다 훨씬 더 앞서 있을 것이다. 자기관리는 비전을 이루어내고 그 성과를 지켜내기 위해 반드시 필요하다.

우리는 비전을 이루기 위해서 습관을 관리해야 한다. 우리의 습관이 행동의 결과를 만들어내고 행동의 결과가 인생의 결과를 만들어낸다. 비전을 이루려면 좋은 습관을 길들이는 방법을 배워야 한다.

《습관의 심리학》이라는 책을 쓴 곽금주 교수는 "가장 위대한 혁신은 습관과 싸워 이기는 것이다"라고 했다. 사람들은 자신의 습관대로 생각하고 행동한다. 아무리 좋은 스승과 선배의 조언, 풍부한 지식을 가르쳐주는 책, 인생 수업에 관한 훌륭한 강의, 성공한 CEO의 성공 비법 등을 통하여 성공의 비결을 알았더라도 나쁜 습관을 버리지 못한다면 아무 소용이 없다. 위대한 꿈을 이루기 위해서는 나쁜 습관과의 싸움에서 승리를 해야 한다.

당신이 이룰 꿈을 가지고 있고, 꿈 너머 꿈을 바라보고 있는 비전의 사람이라면 과감한 결단과 투자가 필요하다. 나쁜 습관을 버리는 과감한 결단과 좋은 습관을 당신의 것으로 만들기 위해 필요한 시간과 인내 투자가 그것이다.

생각하는 습관을 가져라

생각을 바꾸면 인생이 바뀐다. 생각의 다음 단계는 행동이다. 생각을 시작하는 사람은 행동을 시작할 수 있는 사람이다. 성공하는 사람은 끊임없이 생각하는 사람이다. 생각이 없는 사람은 성공할 수가 없다. 왜냐하면 생각이 행동을 만들어내기 때문이다.

존 맥스웰은 《생각의 법칙 10+1》이라는 책에서 생각하는 습관이 중요한 이유 세 가지를 다음과 같이 말했다.

첫째, 뛰어난 생각은 뛰어난 결과의 토대를 마련한다.

둘째, 뛰어난 생각은 잠재력을 키워준다.

셋째, 뛰어난 생각이 습관화되면 더 많은 뛰어난 생각을 불러온다.

뛰어난 생각은 명품 인생, 성공하는 인생을 결정하는 요소가 된다. 뛰어난 생각은 많은 사람들에게 미래의 성공을 가져오게 만드는 원인을 제공한다. 현재의 생각이 미래를 좌우하는 결정권을 가지고 있다.

생각하는 습관은 뛰어난 아이디어를 창조하는 어머니이다. 제너럴 일렉트릭의 전 회장인 잭 웰치는 "영웅은 아이디어를 가진 사람이다"라고 했다. 크게 생각하는 습관은 우리를 리더로 만들어준다. 다양한 생각은 현재에 자신이 갖고 있는 것보다 더 좋은 것을 꿈꾸게 하고 새로운 것을 배워 나가게 한다.

상대방을 칭찬하는 습관을 가져라

칭찬은 상대방에게 에너지를 갖게 한다. 뿐만 아니라 칭찬을 하는 자신에게도 힘을 준다. 상대방을 칭찬하는 마음은 자신의 삶을 가치 있게 만들고 따뜻하게 만든다. 비방은 상대방을 적으로 만들지만 칭찬은 상대방을 아군으로 만든다.

칭찬은 상대방에게 용기와 자신감을 심어준다. 그리고 동시에 당신에게 친구와 협력자를 만들어준다. 칭찬도 습관이다. 칭찬도 받아본 사람이 칭찬할 수 있다. 비방거리를 습관적으로 찾는 사람은 비방을 받게 되지만, 칭찬거리를 습관적으로 찾는 사람은 많은 사람들에게서 칭찬을 받게 된다.

습관적으로 상대방을 칭찬하는 것이 훌륭한 용기다. 모든 인간관계의 성공은 상대방을 칭찬하는 습관으로부터 나온다. 마크 트웨인은 "나는 한마디의 칭찬으로 두 달을 기쁘게 살 수 있다"라고 했다. 당신이 누군가에게 무엇을 선물해야 그를 두 달 이상 기쁘게 할 수 있는지 생각해보라.

좋은 태도를 습관으로 만들어라

몸에 밴 네 가지 습관이 성공적인 인생을 만들어냈다. 시간을 지키는 습관을 들여라. 시간이 생명과 돈이다. 정확하게 하는 습관을 들여라. 무엇이든 대충하면 신뢰를 얻지 못한다. 끝까지 하는 습관을 들여라. 쉽게 포기하는 사람은 성공할 수 없다. 신속하게 행동하는 습관을 들여라. 그렇지 않으면 좋은 기회를 놓칠 것이다. 좋은 습관이 성공의 힘이다. 습관이 운명을 바꾼다.
–빌 게이츠

태도는 마음속에 있는 생각과 느낌이 밖으로 표출되는 것을 말한다. 좋은 태도는 좋은 생각과 느낌에서 나온다. 좋은 태도는 좋은 인생의 결과를 만드는 원재료가 된다. 리더십 전문가 존 맥스웰은 이렇게 말했다. "사람들 사이에는 작은 차이가 있다. 그 작은 차이가 큰 차이를 만든다. 여기서 작은 차이란 태도이며 큰 차이란 그것이 긍정적이냐 부정적이냐 하는 것이다." 그의 말처럼 좋은 태도를 습관으로 삼아 가까이 하면 삶이 바뀔 수 있다. 부정적인 생각과 마음은 잘못된 태도를 만들고, 잘못된 태도는 잘봇된 습관을 만들어낸다. 그러니 긍정적인 생각과 마음은 긍정적인 태도를 갖게 하고 긍정적인 태도는 좋은 습관을 만들어낸다.

자신을 향한 좋은 태도를 가져라

내 인생의 보호자는 누구일까? 누군가는 부모님을 떠올리고 누군가는 배우자를 떠올릴 것이다. 그러나 나를 끝까지 지키고 책임질 보호자는 바로 나 자신이다. 당신은 당신 삶의 주인이고 당신이 꿈꾸는 세상의 중심이다. 세상이 나를 버린다 해도 내가 나를 버려서는 안 된다. 자신을 끝까지 사랑하고 신뢰해야 한다.

자신을 진심으로 깊이 사랑하기 위해서는 자신에 대해 잘 알아야 한다. '나는 누구인가?', '나는 어디에서 왔는가?', '나는 무엇을 위해 살아가고 있는가?', '나는 지금 어디로 가고 있는가?', '나는 어디로 갈 것인가?'라는 질문을 자신에게 던져보자. 그리고 그 질문들에 대한 답을 적어보자. 그런 과정을 통해 자신을 속속들이 알아가자.

새로이 알게 된 스스로를 인정하고 자랑스럽게 생각하라. 매일 아침에 일어나면서 "나는 꿈 너머 꿈을 갖고 있는 비전 덩어리다"라고 말하라. 말한 대로 이루어질 것이다. 스스로 자신을 사랑하고 행복하게 생각하는 마음이 그 사람의 인생을 결정하고 주도하는 힘을 만들어내기 때문이다.

자기 자신을 어떻게 보느냐에 따라 자기 신뢰와 가치가 달라진다. 자신을 사랑하고 사랑스럽게 생각하면 자신의 신뢰와 가치는 높아진다. 자신을 실패자, 무능한 자, 아무짝에도 쓸모없는 자라고 평가하면 자신에 대한 신뢰와 가치는 낮아진다. 모든 것은 자기 자신과 연관성이 있다. 무엇보다도 긍정적인 자기 신뢰, 자신감, 자기 가치감을 갖는 것이 인생에 있어서 매우 중요하다. 그러므로 우리는 이 세상에서 가장 가치 있는 존재인 자신을 사랑하는 태도를 가지고 살아야 한다. 자신을 사랑할 줄 아는 사람이 다른 사람들도 사랑할 줄 안다. 자기 사랑 없이는 다른 사람에 대한 사랑도 없다. 자신을 존귀하게 여기는 사람이 다른 사람들도 존귀하게 여긴다. 자기 사랑이 부족할 때 우리는 다른 사람과의 관계에서도 부족함을 느끼게 된다. 자신을 사랑하는 태도가 꿈을 이루는 에너지가 된다.

긍정적인 사고를 하라

나란히 앉아 있는 두 사람에게 물이 반쯤 채워진 유리컵을 보여주었다. 한 사람은 그것을 보고 눈살을 찌푸렸고 다른 한 사람은 빙그레 웃었다. 눈살을 찌푸린 첫 번째 사람은 물컵을 보는 순간 '물이 반밖에 없잖아!'라고 생각했다. 두 번째 사람은 물컵을 보는 순간 '오! 물이 반이나 남았네'라고 생각했다. 같은 상황에서 동일한 사물을 보고 판이하게 다른 반응을 보인 것이다. 긍정적인 마인드와 부정적인 마인드의 차이는 이토록 놀랍다. 부정적인 마인드는 모든 상황을 부정적으로 만들어가고 긍정적인 마인드는 모든 상황을 긍정적으로 만들어가서 결국엔 전혀 다른 결과를 내는 것이다.

긍정적인 마인드를 가진 사람은 무슨 일을 하든 기쁘고 행복한 마음으로 일을 하지만, 부정적인 마인드를 가진 사람은 똑같은 일을 해도 어쩔 수 없이 억지로 한다. 부정적인 마인드를 가진 사람은 아홉 개의 사과를 가지고 있으면서도 한 개가 부족하다고 생각한다. 그러나 긍정적인 마인드를 가진 사람은 한 개의 사과를 가지고 있으면서도 없는 것보다는 낫다고 생각하고 감사한다. 아홉 개를 가지고도 얻지 못했던 기쁨과 행복을 단 하나의 사과로 얻어낼 수 있다니 굉장한 일이 아닐 수 없다.

우리의 삶과 일, 그리고 인생에서 성공하고 싶은 사람이 되고 싶다면 긍정적인 마인드가 절대적으로 필요하다. 아무리 어렵고 힘든 삶이라도 긍정적인 마인드를 가지고 있다면 거뜬히 헤쳐 나갈 수 있다.

비전을 이룰 수 있는가 없는가는 비전을 긍정적인 시각으로 보는가, 부정적인 시각으로 보는가에 달려 있다. 긍정적인 마인드의 힘은 반드시 비전을 이루게 만든다. 우리는 항상 긍정적으로 바라보는 태도를 습관화해야 한다. 긍정적인 마인드가 행복한 인생을 만들고 부정적인 마인드가 불행한 인생을 만들기 때문이다.

나는 매일 아침 일어나면 감사의 기도를 힘차게 한다. "오늘은 하나님께서 주신 날이다. 그래서 나는 오늘도 기쁘고 행복한 하루가 될 수 있다." 긍정적인 말로 하루를 시작하자. 아침에 긍정적인 마인드를 가지면 기쁘고 감사하게 하루를 시작할 수 있고 비전을 이루는 시간을 앞당길 수 있다.

현명하게 선택하는 습관을 가져라

우리들의 삶과 인생의 여정은 선택의 반복이다. 물론 자신이 선택할 수 없는 것들도 있다. 국가, 민족, 부모, 외모, 기질, 유전자 등이 그것이다. 그러나 그것을 제외한 거의 모든 것은 우리의 선택에 달려 있다. 무엇을 먹을 것인가? 어떤 옷을 입을 것인가? 어떤 집에서 살 것인가? 어떤 학교에 들어갈 것인가? 어떤 사람과 결혼할 것인가? 어떤 직업을 선택할 것인가? 언제 퇴직을 할 것인가?

우리는 성공적인 인생을 살기 위해서 현명한 선택을 할 줄 알아야 한다. 존 맥스웰은 이렇게 말했다. "우리에게 주어진 유일하게 진정한 자유는 선택할 수 있는 자유이다. 인생은 선택이다. 순간순간의 선택들은 작아 보일 수 있다. 그러나 이런 선택들이 모여 결국 인생을 만들어낸다." 그가 말한 것처럼 모든 선택들의 결과가 모여 개인의 인생을 만들어가고 있다.

나 역시 지금까지 살아오면서 많은 선택의 과정을 겪었다. 고등학교를 졸업한 후에 나는 취업과 학업의 갈림길에서 학업을 선택했기 때문에 대학에 진학했다. 대학을 졸업한 후에는 직업과 직장을 선택해야 했고 아내를 선택했다. 한 고등학교에서 학생들을 가르치며 비교적 순탄한 삶을 살던 나는 몇 년 후 중대한 선택을 했다. 교사를 그만두고 신학 공부를 시작한 것이다. 신학 공부를 마치고 고등학교 교사로 복귀하는 대신 목사가 되는 길을 선택해 미국으로 혼자 유학을 떠났다. 유학을 마치고 미국에 남지 않고 한국으로 돌아왔고, 교회를 섬기는 대신 대학에서 학생들을 가르치는 교수와 교목으로 일하는 것을 선택했다. 나는 현재 내가 선택한 일에 만족하며 행복하게 살고 있다. 이것은 매우 현명한 선택이었다. 평생 동안 이 선택을 후회하지 않을 만큼 기쁘게 살고 있다. 현명한 선택이 내 인생의 진로를 결정해 주었다.

내가 좋은 선택을 할 수 있었던 것은 나에게 현명한 선택의 습관이 있었기 때문이다. 나는 모든 선택을 하기 전에 하나님께 기도한다. 하나님께 내가 선택할 것들에 대해서 물어본 후에 선택을 하는 습관이 있다. 성경 말씀을 읽고 기도한 후에 모든 것들을 선택하고 결정하는 것이다. 왜냐하면 인간의 선택은 한계가 있기 때문이다. 그러나 하나님의 선택은 정확하다. 하나님은 나의 모든 것을 알고 계신다. 즉 나의 장점과 단점, 성격, 재능, 능력, 지혜, 성품, 좋아하는 일, 잘 할 수 있는 것 등을 잘 알고 계신다.

《성경》에는 이런 말씀들이 있다.

"계획은 사람이 세우지만 결정은 주님께서 하신다"(잠언 16장 1절).

"네가 하는 일을 주님께 맡기면 계획하는 일이 이루어질 것이다"(잠언 16장 3절).

"사람이 마음으로 자기의 앞길을 계획하지만 그 발걸음을 인도하시는 분은 주님이시다"(잠언 16장 9절).

우리의 삶과 인생에서 현명한 선택을 하는 습관은 매우 중요하다. 신중하고 현명하게 선택하는 좋은 습관을 가져야 한다.

내 모든 상황은 잘 풀리고 좋아질 것이다

세상에서 가장 어려운 산수가 있다면 그것은 바로 우리에게 주어진 축복을 헤아리는 것이다.
–에릭 호퍼

30년 넘게 사회생활을 해오면서 많은 사람이 되는 이유보다 안 되는 이유를 찾아내는 데 능하다는 것을 알게 되었다. 사실 안 되는 이유를 대는 것은 식은 죽 먹기다. 누구나 자신이 진행하는 일에서 안 되는 이유를 열 개, 백 개라도 생각해낼 수 있다. 하지만 중요한 것은 그냥 안 되는 이유를 찾는 것이 아니라 그럼으로써 되는 방법을 모색하는 것이다. 안 되는 이유를 분석함으로써 되는 이유를 찾고, 일을 성사시키기 위해 집중하여 매달리는 태도가 필요하다.

우리의 삶 속에는 늘 어떤 사건이 있고 결과가 있다. 그런데 그 사건과 결과가 행복과 불행을 좌우하는 게 아니라 그 사건을 어떻게 바라보느냐에 따라 행복이 될 수도 있고 불행이 될 수도 있다.

인생을 해석하는 방식에는 두 가지가 있다. 똑같은 사건을 두고 '그럼에도 불구하고'라고 해석하는 사람이 있는가 하면, 어떤 사람은 '그렇기 때문에'라고 해석한다. '그럼에도 불구하고 나는 할 수 있다'라고 생각하면 긍정이 된다. 긍정을 하다 보면 희망이 생긴다. 희망으로 곧장 가다보면 행복의 길로 갈 수 있다. 반면에 '그렇기 때문에 나는 못해'라고 생각하면 부정적인 게 되고 절망으로 떨어진다. 그러면 어떻게 될까? 불행으로 가기 쉽다. 이렇듯 삶을 대하는 태도가 인생의 행복과 불행을 결정한다.

자신에게 긍정적으로 말하는 습관을 개발해보라. "나는 소중해", "나는 나를 사랑해", "나는 할 수 있어"라고 반복해서 말해보라. 심리학자들은 자신이 느끼는 것의 95퍼센트는 자신의 생각과 자신에게 하는 말에 의해 결정된다고 한다. 자기가 원하지 않고, 의심하고, 겁내는 일에 압도당하지 말고 원하는 일을 생각하고 말하도록 자기를 훈련하고 통제해야 한다.

희망의 말을 하라. 뭔가 어려운 일, 속상한 일이 있을 때 거울을 보고 이렇게 말해보라. "나는 지금부터 무엇이든 잘 풀리고 모든 상황은 좋아질 것이다."

문을 열지 않으면
새로운 세상은 열리지 않는다

성공이란 마술도 눈속임도 아니다. 그것은 집중하는 법을 배우는 것이다.
—잭 캔필드

남다른 삶을 살았던 사람들에게는 모두 한맺힌 계기가 있었다. 처절한 실패가 운명의 방향을 바꾸어 놓는 기회가 되기도 한다. 고통스러운 상처가 새로운 삶을 시작하는 동기가 되기도 한다.

초등학교 3학년 때 담임선생님으로부터 '이 아이는 불가능함'이라는 판정을 받고 집으로 쫓겨 온 아인슈타인은 후에 이런 말을 남겼다. "역경의 한가운데에 기회가 있다."

모든 불행은 다시 시작하기 위해서 놓여진 디딤돌이다. 하늘 높이 오르는 연은 바람을 따라서 올라가는 것이 아니라 바람을 등지고 올라간다. 인생의 명작은 모진 시련과 비바람 속에서 만들어진 결과이다.

영화 〈뻐꾸기 둥지 위로 날아간 새〉에서 잭 니컬슨은 정신병원에 갇혀 있던 다른 동료 수감자들에게 자신이 바닥에서 수도꼭지를 떼어내 그걸 창밖으로 던져버릴 수 있다고 말한다. 동료들은 내기를 건다. 그의 허풍이 사실일 리 없기 때문이다. 잭 니컬슨은 땀을 뻘뻘 흘리고 끙끙대고 신음한다. 결국 수도꼭지는 조금도 움직이지 않는다. 잭 니컬슨은 마침내 포기하고 주위를 둘러보면서 이렇게 말한다.

"적어도 난 노력은 했고, 그것만으로도 네놈들보다 나아."

최고가 되려는 시도가 언제나 성공하는 것은 아니다. 목표를 너무 높게 잡아 실패하기도 하지만, 하늘의 별을 따려는 노력을 결코 멈추지 마라. 당신의 손으로 문을 열지 않으면 새로운 세상은 열리지 않는다. 지금 세상을 향해 소리쳐 보라. 누구라도 흘려듣지 못하도록 당당하게 큰 목소리를 내라. 세상이 당신에게 허락하는 것이 아니라 당신이 세상을 움직이는 것이다.

최선을 다했어도 실패는 얼마든지 할 수 있다. 하지만 실패를 자초할 필요는 없다. 철저하게 준비하고 일을 시작한 다음에도 끊임없이 변수를 확인하면 실패할 확률을 대폭 낮출 수 있다. 그러나 나는 변수를 철저하게 계산하면서 움직이는 스타일이 아니다. 걸핏하면 대책없이 무모하게 일을 저지르기도 한다. 하지만 똑같은 실수를 반복해서 되풀이하지는 않는다.

노력하지 않으면 꿈은 꿈으로 남을 뿐이다

사용하지 않은 철은 녹이 슬고, 흐르지 않는 물은 한겨울에 얼어버리듯 재능도 사용하지 않으면 때를 잃고 빛이 바랜다.
–레오나르도 다빈치

"평범한 노력은 노력이 아니다"라는 말이 있다. 요요마는 10대에 이미 완성된 연주자였다. 장래의 요요마를 꿈꾸는 젊은 첼리스트들에게 조언을 해달라는 질문에 그는 이렇게 말했다. "연습이 가장 중요합니다. 반복되는 연습은 모두들 하기 싫어하지만 연습은 죽을 때까지 매일 해야 하는 것입니다. 그렇지 않고서는 절대 위대한 연주자가 될 수 없습니다."

나는 "대충했는데 성공했다"라는 말을 들어본 적이 없다. 성공에는 임계점이 필요하고 임계점을 넘기 위해서는 엄청난 노력과 성실함이 필요하다. 임계점을 넘어야 성공이 보인다. 기적 뒤엔 기적에 가까운 노력이 항상 숨겨져 있다. 다만 그것이 사람들 눈에 잘 안 띌 뿐이다.

자신에 대한 찬사를 아끼지 않는 사람들을 향해 미켈란젤로는 이렇게 얘기했다. "내가 지금의 경지에 이르기 위해 얼마나 열심히 일했는지 사람들이 안다면 내가 하나도 위대해 보이지 않을 것이다."

보통 사람들 눈에 성공은 어느 날 갑자기 오는 것 같지만 사실은 그렇지 않다. 기회와 준비가 만나 성공을 만든 것이다. 기회는 우연히 찾아올 때가 있지만 준비는 절대 그런 법이 없다.

프랑스의 화가 르누아르는 노년에 관절염으로 괴로워했다. 관절염 때문에 그의 손은 비틀어졌으며 움직일 수조차 없게 되었다. 그의 절친한 후배 앙리 마티스는 르누아르가 손가락 끝으로 겨우 붓을 잡고 고통 속에서 그림을 계속 그리는 것을 보고 측은한 생각이 들었다.

어느 날 마티스는 르누아르에게 "그런 고통을 받으면서까지 그림을 계속 그리려는 이유가 도대체 무엇입니까?"라고 물었다. 르누아르는 이렇게 대답했다. "고통은 한순간이다. 그러나 아름다움은 영원히 남는다."

어떤 분야에서든 정상에 오른 사람은 자신이 하고 있는 일에 깊이 파묻혀 있으며, 그의 성공은 자신이 하는 일을 사랑한 결과로 얻어진 것이다.

성공한 사람들을 보면 하나같이 성실하다. 결심한 것은 반드시 하고, 대충대충 하지 않고, 치밀하게 생각하고 실천한다. 약속시간을 잘 지키고, 사람들에게 늘 성의껏 대하고, 늘 자기관리를 잘한다. 성실은 성공을 위한 필수 조건이다. 단기적인 성공은 성실함 없이도 가능할 수 있겠지만 장기적인 성공은 성실함 없이는 불가능하다.

아마도 인생을 어느 정도 살아온 사람이라면 누구나 이 말에 진심으로 고개를 끄덕일 것이다. 성실하다는 것은 무슨 일이든 성심성의껏 마음을 다해 진지하게 임하는 자세를 말한다. 성심을 다해 본질에 임하는 자세란 결국 기본에 충실한 것이다. 누구나 "기본에 충실하라"는 이야기를 귀에 못이 박히도록 듣고 말하지만, 그 본질에 가까이 가 보면 엉성하기 짝이 없다.

진정으로 자기 일에 성실한 사람들은, 흔히 말하듯 묵묵히 자기 일만 열심히 하고 마냥 성격이 좋은 사람들이 아니다. 그들은 일을 할 때 누구보다 치열하고 분석적이기 때문에 때로는 현장에서 목청을 높여 싸우기도 하고 다른 사람들과 치열한 토론을 벌이기도 한다. 그들은 대충대충 넘어가는 법이 없다.

성공은 반드시 그만한 이유가 있다. 성공한 사람의 결과만을 놓고 "남들은 다 잘 되는데 나는 이게 뭔가?"라고 한탄하지만, 아무 노력 없이 잘되는 경우는 거의 없다는 게 내 생각이다. 일류 대학을 나오고, 좋은 부모를 만났기 때문이 아니라 자신의 목표를 단 한순간도 잊지 않고 노력하며 배우는 자세를 유지하기 때문에 남들보다 몇 배 높은 성과를 내고 일을 잘한다는 소리를 듣게 되는 것이다.

혹시 '왜 나는 성공하지 못할까?', '부자들은 많은데 난 왜 내 집 한 칸도 없을까?'라고 생각하고 있는가? 성공하고 행복하게 살고 싶다면 먼저 성공의 미래상을 그려야 한다. 그리고 자신이 진정 좋아하는 일에 미쳐야 한다. 성공하는 사람들의 습관을 나의 습관으로 만들어보라. 습관 하나 바꾸는 것이 얼마나 인생에 큰 변화를 줄까 생각할지 모르겠지만, 그렇게 믿으면 진짜 그렇게 된다. 확신과 믿음을 가지면 상상하는 것이 현실이 된다.

삶을 단순화시켜라

아마추어는 문제를 복잡하게 만들고 프로페셔널은 문제를 단순화시킨다.
–카를로스 곤

사람은 하루에 약 5만 가지 생각을 하며 산다고 한다. 그렇게 생각이 많으니 우선순위를 정하지 않으면 제대로 일을 수행할 수 없다. 일을 시작하기 전에 명확한 우선순위를 정하는 습관을 들여야 한다. 우선순위를 정할 때는 먼저 큰 틀을 이해하는 것이 좋다. 인생에서 정말로 중요한 목표가 무엇인지 알지 못하면 사소한 것에 매달리기 때문이다.

파울로 코엘료는 한때 히피였고, 감옥과 정신병원을 드나들었고, 젊은 시절엔 연금술에 심취했으며, 1987년 산티아고를 걷는 순례의 여행길을 다녀온 후 작가가 되었다. 세계를 떠돌다 마흔에 작가가 된 그는 말했다. "자기 삶을 살 것, 단순해질 것. 그렇게 할 때 자기 안에 살고 있는 거룩한 스승을 발견할 수 있다. 그 사람이 바로 연금술사이다."

단순하게 살 필요가 있다. 불필요한 것들을 정리해서 버리지 않으면 당신은 물건의 노예가 되고 물건들에 치여 옴짝달싹 못하게 된다. 나는 신문이나 잡지를 읽을 때 폐기의 원칙을 실천한다. 필요한 부분이 있으면 오려내 클리어파일에 넣고 나머지는 버린다. 그 후로 한 번도 읽지 않을 잡지를 보관하는 것은 공간의 낭비다. 문서의 경우에도 마찬가지다. '나중에 쓸 것 같다'는 느낌이 들면 과감히 버린다. 그런 문서는 나중에 절대 다시 들여다볼 일이 생기지 않는다. 이렇게 물건을 버릴 때 나는 기한을 정한다. 한 달 동안 쓰지 않은 자료나 물건은 쓰레기라고 생각하는 것이다. 한 달 동안 쓰지 않으면 이후에도 쓸 일은 없다.

지금 주위를 한번 둘러보라. 버려야 할 것, 내 손에서 놓아버려야 할 것들이 무수히 많을 것이다. 버리고 정리해야 할 것이 물건에만 국한되어 있는 것은 아니다. 잘못된 줄 알면서도 고수하고 있는 습관, 소모적인 관계, 틀에 박힌 편견, 무절제, 이 모든 것이 폐기처분되어야 할 것들이다. '버리기'는 일종의 용기이며, 나를 좀 더 자유롭고 가볍게 해주는 삶의 지혜다. 또한 나 자신에게 주는 하나의 선물이다

어질러진 것들을 치우고 삶을 정리하면 삶에 여유가 생기기 때문에 더 좋은 일, 더 긍정적인 경험을 받아들일 수 있다. 필요한 물건을 바로 찾을 수 있고 모든 계획과 임무를 예정대로 끝낼 수 있다. 어떤

일이나 다 그렇지만 정리도 연습이 필요하다. 연습을 많이 할수록 정리는 쉬워진다. 외적 환경이 깔끔하게 정돈된 사람은 자기 내면을 가꾸는 일이나 소중한 사람들과 시간을 보내는 일에 매진할 수 있다.

많을수록 좋다는 거짓말에 속지 마라. 많다는 건 그저 많은 것일 뿐 그 이상은 아니다. 잡동사니가 더 많고, 치울 게 더 많고, 채워진 공간이 더 많다는 것뿐이다. 잡동사니가 쌓이기 시작할 때는 뭔가 우리의 삶에 문제가 생겼음을 암시하는 것이다.

우리가 성공하지 못하는 이유는 엉뚱한 일에 시간을 낭비하고 있기 때문이다. 머릿속이 맑지 않아 이런저런 잡생각에 시간을 빼앗긴다면 삶에도 일에도 변화는 일어나지 않는다. 많이 가지고 있는 것을 하나씩 버려라. 가능한 삶을 단순화할 필요가 있다.

6장

좋은 향기가 나는 말을 하라

아홉 가지의 잘못을 찾아 꾸짖는 것보다는 단 한 가지의 잘한 일을 발견해 칭찬해주는 것이 그 사람을 올바르게 인도하는데 큰 힘이 될 수 있다.
-데일 카네기

말 한마디가 꿈을 이루게 한다

말이 있기에 사람은 짐승보다 낫다. 그러나 바르게 말하지 않으면 짐승이 그대보다 나을 것이다.
–사아디 고레스탄

사람은 태어나서 죽을 때까지 한순간도 쉬지 않고 계속 말을 한다. 한 학자의 연구에 따르면 사람이 평생에 걸쳐 하는 말은 무려 5백만 마디가량 된다고 한다. 이것만으로도 엄청난데 듣는 말까지 계산을 해보면 그 양은 실로 어마어마하다. 그런데 좀 의아한 것이 있다. 그 많은 말들이 다 어디로 간 것일까? 만약 들은 말이 모두 차곡차곡 머리와 마음에 쌓였다면 우리는 견디지 못했을 것이다. 눈만 감으면 머리가 울리고 마음은 풍선처럼 부풀다가 뻥 터졌을 것이다. 그런데 다행히 이런 일은 없다. 우리는 말하고 듣는 것의 일부만을 기억하기 때문이다.

당신이 지금껏 살아오면서 들은 말 중에 기억에 선명하게 남아 있는 말은 무엇인가? 그 말은 좋은 말인가, 나쁜 말인가? 오래전에 들었는데도 여전히 기억나는 좋은 말을 해준 사람이 있다면 그는 당신에게 있어 평생의 은인이다. 그 말은 당신의 마음과 생각에 오래 남아 큰 힘이 될 것이다. 여러 해가 흘렀음에도 불구하고 여전히 남아 있는 나쁜 말이라면 의식적으로라도 잊으려고 노력해보라. 당신에게 별로 필요 없는 말을 굳이 담아둘 필요는 없다. 대신 좋은 말을 하나 더 기억하자.

또 한 가지를 생각해보자. 당신이 그동안 해온 수많은 말들 중에는 좋은 말이 많았는가, 나쁜 말이 많았는가?

말은 단지 의사소통의 기능만 하는 것이 아니다. 누군가의 생각과 마음에 남아 평생 힘을 발휘한다. 그래서 말은 사람을 살리기도 하고 죽이기도 한다. 말은 사람을 행복하게도 하고 불행하게도 한다. 말은 병을 주기도 하고 병을 고치기도 한다. 말은 격려하기도 하고 낙심하게도 만든다. 말은 성공하게도 하고 망하게도 한다. "말 한마디에 천 냥 빚도 갚는다"라는 말이 괜히 오래 회자되는 것이 아니다. 말은 사람과의 관계를 좋게 만들기도 하고 나쁘게 만들기도 한다.

말이 입힌 상처는 칼이 입힌 상처보다 깊다. 독이 있는 말, 상처를 주는 말, 날카로운 말, 함부로 하는 말은 사람을 죽이고 인간관계를 망치게 만들고 인격에 손상을 준다. 말은 인격을 측정하는 확실한 도구이다.

인생이 자동차라면 말은 핸들이고, 인생이 배라면 말은 키다. 말은 무서운 힘을 가지고 있다. 당신의 말은 당신의 삶과 인생의 방향을 이끈다. 당신이 말한 대로 당신의 인생은 만들어지는 것이다. 항상 긍정적인 말을 하는 사람은 긍정적인 인생을 산다. 늘 부정적인 말을 하는 사람은 부정적인 인생을 산다. 말은 한 사람의 인생을 완벽하게 지배한다. 뿐만 아니라 말은 그 사람의 주변에 영향을 끼치고 나아가 사회, 세계에 그 영향을 끼친다.

말은 발전되는 통신 환경을 타고 초를 쪼갠 단위로 빠르게 퍼져나간다. 방 안에 앉아서 전화와 인터넷을 통해 세계 곳곳의 사람들과 대화할 수 있고 영향을 끼칠 수 있다. 우울한 누군가가 분노로 가득한 또 다른 누군가의 블로그를 읽고 더 큰 나락으로 떨어진다. 어렵사리 도움을 청한 글에 달린 냉정한 댓글 하나가 칼보다 더 깊이 상대를 찌른다. "말 한마디가 세계를 지배한다"는 쿠크의 말은 결코 과장이 아니다. 말은 세계를 지배할 수 있는 힘을 가지고 있다.

이 세상에서 말하는 동물은 인간밖에 없다. 말은 인간에게만 주어진 하나님의 특권이다. 인간은 말을 사용하기 때문에 무한대의 가능성과 위대한 잠재성을 지니고 있다. 그러나 말을 어떻게 사용하느냐는 당신의 선택에 달려 있다.

긍정적인 말의 힘

자신에게 긍정적인 이미지를 불어 넣고 싶다면 다음 세 문장을 매일 아침마다 외쳐라! '나는 오늘 기분이 좋다! 나는 오늘 건강하다! 나는 오늘 너무 멋있다!'
–클레멘트 스톤

긍정적인 말에는 생명을 살리는 능력이 있다. 반대로 부정적인 말은 인간관계를 힘들게 만들고 사랑과 우정을 파괴시킨다. 《성경》은 부정적인 말에 대해서 이렇게 말한다. "비뚤어진 말을 하는 사람은 다툼을 일으키고 중상하는 사람은 친한 벗을 이간시킨다"(잠언 16장 28절).

그런데 안타깝게도 우리는 부정적인 말에 익숙하다. 어느 심리학자는 아이가 태어난 후 다섯 살이 되는 동안 부모로부터 야단을 몇 회 정도 받는가를 연구했다. 그의 연구 결과에 의하면, 5년 동안 최소 4만 번 정도의 야단과 꾸중, 부정적인 말을 듣고 자란다고 한다. 이 통계 자료를 다른 측면에서 계산해보자. 5년을 일수로 계산하면 1,825

일이다. '4만 번(야단 맞은 횟수)÷1,825(5년간의 일수)=22번'이라는 계산이 나온다. 즉 매일 22번, 한 달에 약 660번 정도 꾸중과 야단, 부정적인 말을 듣는다는 것이다.

우리는 부정적인 언어 환경에 너무 많이 노출되어 있다. 유행어의 대부분은 상대를 면박 주거나 자신을 비하하는 말이다. 흔히 드라마를 보아도 언제나 상상 이상의 부정적인 일들과 결과가 주인공에게 닥친다. 오죽하면 최근 유행하는 키워드가 '막장'이겠는가. 그러나 우리 내면이 좋아하고 필요로 하는 것은 긍정적인 말이다. 긍정적인 말은 사람들에게 생명력을 불어넣어 주고 자신감과 행복감을 느끼게 한다.

최인철 교수가 쓴《프레임》이라는 책에는 이런 내용이 나온다.

1932년 180명의 젊은 여성들이 미국에서 수녀로 첫발을 내디뎠다. 그 감격적인 순간에 그들에게 자신의 삶을 소개하는 간증문을 쓰도록 했다. 180명의 수녀들이 쓴 간증문은 70여 년이 지난 후에 심리학자들의 손에 넘겨졌고, 연구자들은 간증문에 쓰인 단어와 문장을 분석하여 각 간증문에 얼마나 긍정적인 정서가 표현되어 있는지를 측정했다. 어떤 수녀들은 '매우 행복한' 또는 '정말 기쁜'과 같은 단어들을 자주 사용했지만, 또 다른 수녀들은 자신이 얼마나 행복하고 기쁜지를 말로 잘 표현하지 않았다. 그런데 놀라운 사실은 긍정적인 단어를 많이 사용한 상위 25퍼센트의 수녀들 가운데 90퍼센트는 85세까지 장수하고 있었지만, 긍정적인 단어를 적게 사용한 하위 25퍼센트의 수녀들 중에서는 겨우 34퍼센트만이 생존해 있었다는 점이다.

최인철 교수는 한 사람의 언어가 그의 프레임을 결정한다고 얘기한다. 그러므로 프레임을 바꾸기 위해서는 언어를 바꿔야 한다는 것이다. 특히 긍정적인 언어로 말하는 것이 중요하다. 나는 그의 말에 전적으로 동의한다. 긍정적인 말이 긍정적인 인생을 만든다. 말이 그 사람의 인생의 틀을 만든다. 긍정적인 말에는 강력한 위력이 있다.

긍정적인 말은 인간의 미래를 밝게 비춰주는 신비한 힘이 있다. 긍정적인 말은 사람을 건강하고 활기차게 만드는 강력한 영양제이다. 긍정적인 말을 듣고 자란 사람은 건강한 자아상을 지닌다. 자신을 사랑하고, 자신감이 넘치고, 실패를 두려워하지 않는다. 나폴레옹이 그 예이다. 그는 긍정적인 말 덕분에 바람직한 자아상을 지니게 되었고 덕분에 역사에 길이 남을 업적을 세웠다. 나폴레옹이 프랑스 유년 사관학교에 다닐 때의 일이다. 평소 나폴레옹을 눈여겨보던 교장선생님이 어느 날 진심 어린 칭찬 한마디를 했다.

"나폴레옹은 총명하고 참을성이 있다. 비록 프랑스의 식민지 코르시카 사람이지만 장교로서 최고의 자질을 갖추었다."

이 한마디의 칭찬은 작은 키를 극복하게 했고 끊임없이 밀어닥치는 적병을 물리치게 했으며, 나폴레옹의 사전에 불가능이 없게 만드는 원동력이 되었다.

자신에게 긍정적인 칭찬의 말을 해보자. "나는 행복한 사람이다",

"나는 충분히 사랑받고 있다", "나는 무엇이든 잘 할 수 있다." 말은 메아리다. 아름다운 말을 하면 아름다운 인생을 산다. 거친 말을 하면 거친 인생을 산다. 우리는 의식적으로라도 긍정적인 말을 하기 위해 노력해야 한다. 말에는 힘이 있다. 그 영향력은 외면은 물론 내면 깊은 곳에도 끼칠 만큼 강력하다.

더러운 컵에 맑은 물을 넣으면 처음엔 물까지 오염되는 것처럼 보인다. 그러나 계속해서 맑은 물을 넣으면 채워지고 넘치기를 반복하다 결국에는 컵까지 깨끗해진다. 긍정적인 말을 하라. 당신의 내면을 채우고 넘치며 부정적인 모든 것을 사라지게 할 것이다.

칭찬은 다른 사람에게 행복과 자신감을 주고 열정을 배가시키는 특효약이다. 상대가 인정받고 싶어 하면 긍정적인 말, 칭찬을 아끼지 말자. 칭찬은 그뿐만 아니라 나에게도 기쁨과 행복을 준다. 명품 인생을 사는 사람들에게는 긍정적인 사고와 함께 긍정적인 말을 한다는 공통점이 있다. 그들은 다른 사람을 대하는 마음과 태도가 다르고, 칭찬의 말, 격려의 말, 축복의 말, 사랑의 말, 감사의 말, 꿈과 소망을 심어주는 말 등을 주변 사람들에게 나누어준다. 누군가에게 힘을 보태주는 말을 하자. 언젠가 나에게 힘이 필요할 때 그는 반드시 말의 힘을 보태줄 것이다.

커뮤니케이션의 성패

인간에게 가장 중요한 능력은 자기 표현력이며 현대의 경영이나 관리는 커뮤니케이션에 의해 좌우된다.
–피터 드러커

위대한 리더와 평범한 리더는 커뮤니케이션 능력으로 판가름 난다고 해도 지나친 말이 아니다. 커뮤니케이션 능력이 뛰어난 리더일수록 대인관계가 좋고 성공한다. 좋은 리더는 커뮤니케이션을 잘하는 사람이다. 나쁜 리더는 사람들과의 커뮤니케이션이 단절된 사람이다.

좋은 리더가 되고 싶은가? 그렇다면 말을 가려서 하라. 좋은 리더가 갖추어야 하는 조건 중에서 말이 차지하는 비중은 절대적이다. 말을 함부로 하는 사람은 좋은 리더가 될 수 없다. 말실수로 높은 자리에서 떨어지거나 자신의 인격에 치명적인 흠을 낸 사람들의 예는 셀 수 없이 많다. 말을 못하는 사람은 그 부족함을 이해받을 수 있으나 말을 조심하지 않는 사람은 다른 사람에게 용서를 받지 못한다. 리더는 양날의 칼과 같은 말의 성격을 아는 사람이어야 한다.

이 세상에는 두 종류의 말이 있다. 해야 할 말과 해서는 안 될 말이다. 해야 할 말에는 상대방을 존중하는 말, 체면을 세워주는 말, 인정하는 말, 칭찬하는 말, 겸손한 말, 배려하는 말, 실수를 인정하는 말, 격려하는 말, 용기를 주는 말, 축복의 말, 꿈과 소망을 주는 말 등이 있다. 해서는 안 될 말은 다른 사람을 비난하는 말, 무시하는 말, 속이는 말, 불평하는 말, 상처를 주는 말, 실수를 시인하지 않는 말, 핑계를 대는 말 등이 있다. 리더는 이를 잘 분별하여 지혜롭게 사용할 줄 알아야 한다.

분노의 감정을 통제하지 못하고 말로 내뱉는 순간 그 말은 수많은 불행의 씨앗이 된다. 상처가 되고, 병이 되며, 누군가를 망하게 하고, 자신감을 빼앗고, 죽음을 생각하게 만든다. 리더의 능력은 말의 자제력에서 나온다. 또한 리더는 의사소통 능력이 있어야 한다. 의사소통 능력이 없는 리더는 조직의 구성원들에게 자신의 비전을 제대로 설명하지 못해 동기부여에 실패한다. 또 명확한 목표를 제시하지 못해 구성원들에게 열정을 불러일으키지 못한다. 구성원들에게 동기를 부여하고 열정을 불러일으키며 명확한 비전을 선포하는 것은 성공적인 리더를 위한 맞춤 언어이다.

커뮤니케이션은 우리의 가정, 학교, 직장생활 등에서 중요한 부분을 차지하고 있다. 커뮤니케이션은 사람의 이미지를 만든다. 말할 때의 태도와 표정, 선택 어휘가 상대방과 대화할 때 당신의 이미지를 결정한다. 말의 속도에 따라 성격에 대한 이미지가 형성되고, 웃는 표정과 심각한 표정이 상대에게 나의 감정을 인지하게 한다. 예의 바른 태도와 불손한 태도는 나의 인격에 대한 인상을 만든다. 말하는 순간의 모든 것이 어우러져 상대로 하여금 나의 이미지를 만들어 인지하게 하는 것이다. 때문에 말을 하는 모습만으로 상대방에게 호감을 얻어 좋은 인간관계를 만들거나, 다시 만나고 싶지 않은 사람이라는 평가를 얻어 진짜 당신을 보여줄 기회조차 잃는 경우가 생긴다.

성공적인 커뮤니케이션을 위해 알아야 할 사실은 의외로 간단하다. 대화에서의 주인공이 누구인가를 아는 것이다. 대부분의 사람들은 말하는 사람이 주인공이라고 생각한다. 그러나 진짜 주인공은 따로 있다. 말하는 사람이 아니라 듣는 사람이 주인공이다. 듣는 사람이 공감하지 않으면 커뮤니케이션은 단절되고 그 순간 대화가 아닌 독백이 되는 것이다. 커뮤니케이션의 성패는 듣는 사람의 태도에 달려 있다. 대화를 살리려면 먼저 듣는 사람이 되자. 대화의 원활한 흐름을 위해 상대의 물꼬를 먼저 터 주어야 한다. 상대의 물꼬가 열리기를 기다려 대화를 흘려보내는 여유를 갖자. 그러면 독백으로 사라지는 말을 절약할 수 있으며 상대의 호감은 저절로 따라온다.

올리버 웬델 홈즈는 이렇게 말했다. "남과 이야기하는 것은 하프를 연주하는 것과 같은 것이다. 현을 하나 켜는 일도 중요하지만, 현을 누르고 그 진동을 억제하는 것도 그에 못지않게 대단한 기술을 요한다."

7장

비전과 지식 관리

독서는 완성된 사람을 만들고, 담론은 재치 있는 사람을 만들고, 필기는 정확한 사람을 만든다.
-베이컨

책은 겸손한 스승이다

책은 남달리 키가 큰 사람이며, 다가오는 세대가 들을 수 있도록 소리 높여 외치는 유일한 사람이다.
–로버트 브라우닝

"런던에서 에든버러까지 가장 빨리 갈 수 있는 방법은 무엇인가?"

이것은 영국의 한 신문사에서 독자들을 향해 던진 공개 질문이다. 이 엉뚱한 질문은 단기간에 큰 화제를 모았고 독자들은 갖가지 기상천외한 답을 경쟁적으로 제시했다. 그 중 1위를 한 것은 "가장 친한 친구와 함께 간다"는 답변이었다.

나는 1위 답변을 보고 무릎을 치며 감탄했다. 그 답변을 보고 함께 가고 싶은 친구 셋을 얼른 떠올렸던 기억이 아직도 생생하다. 정직하고 겸손하며 언제 만나도 싫증나지 않는 나의 멋진 세 친구는 '셰익스피어, 프로이트, 빌 브라이슨'이다. 오늘이라도 여행을 떠난다면 나는 여전히 이 세 친구와 동행할 것이다. 나의 엄청난 인맥이 부러운가?

원한다면 언제든 기꺼이 이들을 당신에게 소개시켜 줄 수 있다. 다음 여행에 꼭 함께할 수 있도록 최대한 힘을 써볼 수도 있다.

나의 '가장 친한 친구'는 책이다. 책은 정직한 친구다. 읽으면 반드시 읽은 만큼의 이익을 준다. 또한 책은 겸손한 스승이다. 자신을 선택한 모두에게 동일한 기회를 준다. 열 명의 스승을 모시는 것은 어렵지만 백 권의 책을 읽는 것은 오직 당신의 마음먹기에 달렸다. 당대 최고의 문학 권위자를 만나 배움을 얻는 것은 하늘의 별 따기이지만, 인류 최고의 문학가 셰익스피어를 친구로 만드는 것은 책장에 손만 뻗으면 된다. 책은 일당백을 하는 지인이다. 여행 작가인 빌 브라이슨은 세계 곳곳을 다닌 경험을 그만의 해학과 유머로 풀어준다. 비행기에서 곧 내가 도착할 나라에 얽힌 그의 에피소드를 읽으면 시간의 속도와 기대감이 배가 된다. 그럴 때면 "좋은 책을 읽는 것은 과거의 가장 뛰어난 사람들과 대화를 나누는 것과 같다"라는 데카르트의 말이 절로 실감난다. 하긴 어디 데카르트뿐인가. 셀 수 없이 많은 선구자들이 책의 유익을 강조했다. 안타까운 것은 변치 않은 이 가치가 아는 사람들만 아는 가치로 머물렀다는 점이다.

미국 역사상 가장 훌륭한 지도자로 손꼽히는 에이브러햄 링컨은 그 가치를 알았던 대표적인 사람이다. 미국의 16대 대통령인 링컨의 학력은 놀랍게도 '무학(無學)'이다. 링컨은 어린 시절부터 혹독한 가난과 싸워야 했다. 하루 끼니도 걱정해야 하는 그에게 책을 살 여유가 있을 리 만무했다. 수중에 책다운 책이라고는 《성경》과 《천로역정》 두

권뿐이었다. 그나마 어머니로부터 물려받은 낡고 오래된 책이었다. 링컨은 틈날 때마다 두 책을 번갈아 읽었고 지혜, 지식, 비전을 키웠다. 그렇게 독서에 눈을 뜬 링컨은 이웃의 책들을 모조리 빌려서 읽었다. 그렇게 책을 스승 삼고 친구 삼아 공부를 시작한 그는 마침내 연설의 대가가 되었고 미국인의 마음을 얻어 대통령에 당선되었다.

책은 넓은 지식과 깊은 지혜를 주고, 통찰력과 상상력을 준다. 비전과 꿈, 용기, 자신감을 공급하며, 다른 사람의 삶과 인생을 배우게 하여 스스로를 되돌아볼 줄 아는 사람으로 성장시킨다. 이 모든 가치는 성공을 위해 반드시 필요한 것들이다. 성공한 사람들 대부분이 내로라하는 독서가인 것은 결코 우연이 아니다. 성공하는 사람들은 대부분 평범한 사람들보다 독서량이 많다. 독서는 시간을 단축하는 힘이 있다. 왜냐하면 독서는 많은 시간을 투자해야만 얻을 수 있는 지식과 경험을 최소의 시간과 노력으로 얻게 하기 때문이다. 그래서 나는 내 딸에게 자주 이렇게 조언한다.

"하연아, 공부를 잘하는 것보다 책을 많이 읽는 것이 더 중요하단다. 승리를 염원하는 장수에게 천군만마가 필요하다면 비전을 추구하는 네게는 천 권의 책이 필요하단다."

책은 사람을 만든다. 최고의 스승과 만나게 해주고, 교훈과 가르침을 직접 주어 마침내 위대한 사람을 만든다.

비전을 이루게 하는 독서법

나는 사람들이 자신의 내면에 잠자는 거인을 갖고 있다고 믿는다. 우리는 모두 아직 계발되지 않은 어떤 재능과 자질, 그리고 자신만의 천재성을 갖고 있다.
–앤서니 라빈스

미국 월 가에서 존경받는 펀드매니저였던 존 템플턴 경은 "자기 자신을 살아 있는 도서관으로 만들라"고 충고했다. 의식혁명가로 불리는 앤서니 라빈스도 내면의 거인을 찾는 안목을 기르기 위해서 무엇보다 책을 읽어야 한다고 말했다. 그가 고생하던 젊은 시절에 멘토였던 짐론은 그에게 이렇게 말해주었다. "여보게 톰(앤서니의 애칭), 끼니는 거르더라도 독서는 거르지 말게. 무언가 내용이 있고 가치가 있고 도움이 되며 매일매일 새로운 것들을 가르쳐줄 수 있는 책을 찾아 읽는 일이 먹는 일보다 더 중요하네." 그는 이 말을 가슴에 새기고 매일 30분 이상 책을 읽었다고 한다.

비전을 이루게 하는 독서법에 대해 알아보자.

'80대 20의 법칙'으로 책을 읽어라

'80대 20의 법칙'은 미국의 경영학자 리처드 코치의 이론이다. 이것은 적은 노력으로 큰 성과를 내는 방법으로, 20퍼센트의 시간, 노력, 투입량(원재료와 인건비 등)을 투자하여 80퍼센트의 성과, 산출량(생산량)을 거두어들이는 것을 말한다. 이 법칙은 독서에도 활용할 수 있다.

책의 전체 내용 중에서 중요한 문장, 핵심 내용 20퍼센트를 공략한다. 왜냐하면 대부분의 책들의 핵심이 20퍼센트 안에 들어 있기 때문이다. 나머지 80퍼센트는 핵심 내용을 뒷받침 하는 설명, 근거 등으로 구성되어 있다. 따라서 20퍼센트의 핵심만 잘 읽어도 가장 중요한 내용을 습득한 것이 된다. 이것은 빠른 시간 안에 많은 자료를 확인해야 할 경우나 여러 지면 매체를 읽어야 할 때 매우 용이한 방법이다.

동일한 주제를 다룬 책들을 읽어라

장마철에 세찬 소나기가 내리면 곳곳에 크고 작은 도랑이 생긴다. 책을 읽을 때의 자세가 이와 비슷한 사람이 있다. 소나기처럼 책을 빨리 많이 읽어 각 분야에 한 모금씩은 지식이 있는데 조금만 깊이 들어가면 바닥을 드러내며 말라버린다. 날이 갠 후 도랑으로 가서 진흙을 파내면 얼마 지나지 않아 먼지 나는 마른 땅이 드러나는 것과 같은 이치다.

샘을 얻으려면 마른 땅 깊숙이에 있는 물줄기가 드러날 때까지 깊이 파고들어야 하듯 책도 그렇게 읽어야 하는 경우가 있다. 관점에 따라 다양한 이론이 형성될 수 있는 분야의 지식을 얻어야 할 경우, 개인에게 정말 중요한 분야를 연구할 경우가 그러한 예이다. 한 가지 주제를 정하고 동일한 주제 아래 씌어진 여러 권의 책을 읽는 것이다. 예를 들어서 '미술'에 대해서 알고 싶으면 최소 '명화집, 서양미술사, 동양미술사, 당대에 유명했던 미술가들의 평전, 미술평론' 정도는 함께 읽는 것이다. 이렇게 독서를 진행할 경우 '미술'이라는 분야에 대해 좀 더 입체적이고 체계적인 이해를 할 수 있게 된다. 역사의 경우 정사와 야사를 함께 읽으면 균형 잡힌 시각을 가질 수 있다. 나 역시 이 책을 쓰기 위해서 시중에 출판된 백 권의 책들을 구입하여 읽었고 실제로 많은 도움이 되었다.

목표를 정하고 책을 읽어라

우리나라 사람들의 열 명 중 두 명은 일 년 동안 책을 한 권도 안 읽는다는 통계를 본 적이 있다. 그나마 책을 읽는 사람도 일 년에 12권 정도를 본다고 한다. 그에 비해 가까운 일본의 경우는 성인의 일 년 평균 독서량이 78권이다. 지금부터라도 연간 독서 계획을 세워보자. 일 년 동안에 몇 권의 책을 읽고 하루에 몇 시간 독서하겠다는 목표를 정하고 실천해보자.

먼저 자신의 평소 독서량을 점검한 다음에 순차적으로 권수를 늘려 읽을 계획을 세우고, 구매할 도서 목록과 도서관에서 대여할 목록을 만들자. 구입 도서 목록을 만들고 책에 대한 사전 조사를 하자. 서점에 가서 직접 훑어보는 것도 좋고 인터넷 서점에서 해당 도서의 후기를 확인해보는 것도 좋은 방법이다. 이런 과정을 통해 소장 가치가 있는 도서를 분별해내는 안목을 키울 수 있다. 빈 책장을 사서 한 권씩 채워 나가는 재미도 느껴보자. 자신에게 맞는 독서 방법을 선택하여 꾸준히 읽어보자. 반드시 인생이 바뀔 것이다.

표시하고 메모하라

구입한 책이 비싼 책이라도 귀하게 여기지 말고 과감하게 다루어라. 책을 읽다가 감동을 주는 글이나 문장을 발견하면 즉시 표시한다. 자신만의 표시 방법을 찾아라. 책에 줄을 치거나 표시하는 것으로 끝나면 그 책을 다시 읽기 전까지는 잊고 지내기 쉽다. 한눈에 일목요연하게 볼 수 있는 방법을 취하자. 수첩, 노트 등에 적거나 컴퓨터에 저장하는 방법을 추천한다.

공감한 부분, 다른 의견을 갖게 한 부분을 별도로 메모하고 자신의 생각도 같이 더해 책에 첨부해놓자. 책을 읽다가 떠오른 아이디어도 같이 기록하자. 더 좋은 것은 자신만의 '독서 바인더'를 만들어서 필요할 때 다시 사용하도록 시스템화하는 것이다. 나 역시 '독서 바인더 시스템'을 하고 있는데 책을 저술할 때 큰 도움이 된다.

책을 구입한 날 20퍼센트의 핵심을 읽어라

지금 당장 책장 앞으로 가서 읽은 책과 읽지 않은 책을 구분해보자. 내가 즐겨하는 방법은 읽은 책은 바르게 놓고 읽지 않은 책은 거꾸로 꽂는 것이다. 이것은 한눈에 읽은 책과 읽지 않은 책을 구분할 수 있어서 도움이 된다. 거꾸로 꽂혀 있던 책을 읽고 바로 꽂아 놓을 때의 뿌듯함도 쏠쏠한 재미이다.

하지만 가장 좋은 방법은 책을 구입한 후 24시간 내에 그 책을 읽는 것이다. 책을 구입한 날 작심하고 읽는 것이 좋다. 읽을 시간이 부족하다면 훑어보기라도 하자. 20퍼센트의 핵심만이라도 파악한다면 본전은 한 것이다. 나는 책을 구입하면 대충이라도 꼭 읽어보는 습관이 있다. 포스트잇을 중요한 내용, 활용할 자료, 공감하는 부분에 붙이고 나중에 이 부분을 더 집중적으로 읽는다.

순서대로 읽지 말고 자유롭게 읽어라

책을 처음부터 읽을 필요는 없다. 첫 페이지부터 읽어도 좋고 마지막 페이지부터 읽어도 좋다. 어떤 책은 첫 장에 결론을 말하면서 시작하는 것도 있고, 어떤 책은 마지막 장에서 결론을 내리는 것도 있다. 중요한 것은 그 책의 핵심 내용을 잘 파악하기만 하면 되는 것이다. 때로는 순서대로 읽지 말고 20퍼센트의 핵심을 파악하기 위해 자유롭게 읽어라.

책을 구입하는데 돈을 투자하라

나는 마음에 드는 책이 있으면 무조건 사고 본다. 아내는 책을 무조건 사는 나를 이해하지 못해 지나친 도서구입비를 걱정하는데, 나는 주의해야지 하다가도 필요한 자료와 내용을 담고 있으면 어느새 구매를 하곤 한다.

책을 사는 특별한 방법은 없다. 마음에 드는 책, 자신에게 도움이 되는 책, 좋아하는 유형의 책, 알고 싶은 자료가 들어있는 책 등을 사서 읽으면 된다. 도서관에서 대출하여 읽는 것도 좋지만 책을 구입해서 읽으면 본전 생각이 나서 꼭 읽게 된다.

무조건 읽지 말고 분류하면서 읽어라

정민 교수가 쓴 《다산선생 지식경영법》을 읽다가 정약용 선생의 지식경영법 중 '휘분류취법'을 눈여겨보게 되었다. '휘분류취법'은 자료를 모아 종류에 따라 분류한 다음 묶어 정리하는 원리이다. 다산 선생의 원리대로 책을 무조건 읽지 말고 읽으면서 필요한 지식과 정보들을 분류하면서 읽고 정리해두자.

세 가지의 습관을 실천하면서 읽어라

책을 읽을 때에 생각하는 습관, 책을 정리하는 습관, 책의 핵심 내용을 메모해 놓는 습관을 갖자. 그러면 책에서 나온 감동의 글, 교훈과 가르침 등을 자기 것으로 만들 수 있다.

장래를 위한 책을 읽어라

5년, 10년 후를 내다보는 안목을 갖자. 그러려면 그때 필요한 책에 관심을 가져야 한다. 장래를 준비하기 위해서는 필요한 정보와 지식을 알려주는 책들을 미리 읽어야 한다. 5년, 10년 후의 자신의 모습을 구체적으로 머릿속에 그려보고 그것을 이루기 위해 필요한 책을 읽어라.

부지런히 배우고 성장하라

좋은 책을 읽는 것은 가장 뛰어난 사람들과 대화를 나누는 것과 같다.
—데카르트

꿈을 이루는 사람들이 갖고 있는 공통점 중의 하나는 지속적인 학습을 삶의 한 부분으로 인식한다는 것이다.

청년 시절에 누군가 나에게 이런 말을 해주었다. "일 년 정도 책을 열심히 읽은 것 가지고는 별로 달라지는 것이 없다. 하지만 3년만 계속해서 독서해보라. 그러면 엄청난 차이가 날 것이다."

그 말은 내 마음을 움직였다. 3년 동안 책 읽는 일에 몰두했더니 정말 변화가 일어났다. 어떤 어려운 책도 나름대로 소화해낼 수 있는 능력이 생겼고, 당연히 모르는 것도 많이 알게 되었고, 독서가 더 이상 취미나 의식적인 노력이 아니라 습관이자 생활이 되었다. 독서가 습관이 되니 삶이 별로 지루하지 않았고 늘 할 일이 있었고 무엇보다 이 세상의 복잡한 문제를 이해하는 안목이 생겼다.

나는 풀기 힘든 고민과 문제에 부딪힐 때마다 책을 통해 해답을 찾으려 노력해왔고 그 덕분에 지금껏 잘 살아가고 있다.

책을 제대로 읽으면서 살아간다는 것은 경이로운 세상에 눈을 뜨고 매일매일 자신의 잠재력에 대해 새로운 것들을 배우며 정신적으로 한 차원 더 높은 삶을 살아가는 것이다. 책 읽기의 어려움을 뛰어넘게 된다면 자신을 둘러싼 세상도 분명 다르게 느껴질 것이다. 책에서 배우고 느낀 것이 생활에 녹아든다면 분명 조금씩 발전적으로 변화하는 자신을 발견하게 될 것이다.

독서는 지혜의 샘으로 이끄는 하나의 해답이다. 책을 하나하나 접해 나가고 그 행간에 숨어있는 지혜들을 찾아 내 것으로 만든다면 누구도 따라올 수 없는 능력을 가질 수 있다. 그렇다고 급하게 서두르지는 마라. 시간을 투자하여 한 달에 서너 권의 책을 읽겠다는 목표를 세워보라. 책 한 권 더 읽는다고 해서 인생이 바뀌는 것은 아니지만 한순간이라도 노력하지 않으면 당신이 원하는 꿈은 이루어지지 않을 수도 있다.

시간이 부족해서 책을 읽지 못한다는 사람들이 있는데, 사실 시간을 쪼개 책 읽기가 어려운 것은 시간 자체가 부족해서가 아니다. 그보다는 중간 중간 처리할 일들이 생기기 때문에 독서하는 시간이 오래 지속되지 않아서이다. 출퇴근 시간은 걸려오는 전화를 빼면 아무도 간섭하지 않는 하루 중 가장 긴 시간이다. 그래서 나는 이 시간을 활용하다가 책 읽기에 빠지게 되었다.

나는 책을 읽다가 좋은 구절이 나오면 휴대폰 카메라로 찍고, 화장실에 가서도 좋은 명언이 보이면 무조건 휴대폰 카메라로 찍어둔다. 휴대폰 카메라에 찍어두면 언제든지 휴대폰을 꺼내 그 구절을 읽을 수 있기 때문에 잊어버리지도 않고 오래 기억할 수도 있다.

나는 책을 읽으면서 중요한 구절에는 형광펜이나 볼펜으로 밑줄을 긋고, 다시 읽어야 할 곳에는 반드시 포스트잇을 붙여둔다. 책을 다 읽고 나면 형광펜으로 그어진 부분과 포스트잇이 붙어 있는 부분을 찾아 다시 읽는다. 이것은 읽은 부분을 금방 잊어버린 경험들이 만들어낸 대안이다. 형광펜과 포스트잇을 적절하게 활용하면 두 가지 효과가 있다. 하나는 방금 읽었던 책을 다시 읽기 때문에 두 번 읽는 것과 비슷한 효과를 낼 수 있고, 다른 하나는 어떤 내용이 책 어디쯤에 위치하고 있는지 기억하는데 도움을 얻을 수 있다.

공부하는 독종이 되라

다른 사람을 쫓는 2인자가 되지 말고 자기 자신에게 충실한 일인자가 되라.
–주디 갈랜드

"박사 학위 없이는 한국에 오지 마세요. 저는 당신을 믿어요."

내가 미국으로 유학을 떠나던 날 아내는 이렇게 말했다. 솔직하게 말하면 나는 이 말이 부담스럽게 들렸다. '만약에 박사 학위를 취득하지 못하면 어떻게 하지. 그럼 난 사랑하는 가족을 볼 수 없단 말인가. 그래서는 안 되지. 빨리 학위를 따서 사랑하는 가족에게로 돌아오자.'

나는 10년 동안 못난 남편을 믿고 뒷바라지를 해준 아내에게 실망을 안겨주고 싶지 않았다. 그래서 남들보다 더 열심히 공부했다. 고독과 외로움을 친구로 삼고 꿈을 이루기 위해 발버둥 쳤다.

나는 석사 학위를 끝내자마자 박사 학위를 시작했고 동시에 논문을 쓰기 시작했다. 학위 과정과 동시에 논문을 쓴 이유는 빨리 가족에게로 돌아가고 싶은 마음 때문이었다.

영어로 논문을 쓰는 것이 그리 쉽지만은 않았다. 시간만 흐르고 손에 잡히지 않을 때도 많았다. 그럴 때마다 아내의 고생하는 모습을 떠올렸다. '내가 이렇게 게을러서는 안 되지.'

논문 작업은 자신과의 싸움이었다. 의자에 다리를 묶고 걸려오는 전화도 받지 않았다. 오직 나의 목표는 논문을 쓰는 시간을 줄여서 남들보다 빨리 박사 학위를 취득하고 한국으로 돌아가는 것이었다. 그런 노력 덕분에 박사 학위 과정이 끝나기도 전에 논문을 다 쓰고 학위 과정이 끝나기만을 기다리게 되었다. 학위 과정을 다 마쳐야만 논문 심사를 할 자격이 주어지기 때문이었다.

먼저 박사 학위를 취득한 어느 선배는 논문 심사에 무사히 통과하는 것이 쉽지 않다고 했는데, 나는 한 번에 논문 심사를 통과했다. 내 지도교수였던 슈미트 박사는 나에게 악수를 청하며 "닥터 한, 축하하네"라고 말해주었다. 그러고 나서 점수를 알려주었다. "훌륭한 논문이었네. A^+일세."

나는 놀랍기도 하고 기뻐서 입이 다물어지지 않았다. 믿어지지 않는 점수였다. 나는 그날의 감격을 잊을 수가 없다. '학부생 때 영어 과목에서 F학점을 받았던 내가 A^+라니!'

나는 즉시 아내에게 전화를 했다. "여보, 나 이제 한국에 갈 수 있소." 나는 아내에게 논문이 통과된 이야기, 한국인 중에서 최초로 A^+를 받은 얘기 등을 해 주었다. 전화기 너머로 아내가 감격과 기쁨으로 흐

느끼는 작은 울음소리가 들렸다. 아내는 울먹이는 목소리로 "그동안 수고 많았어요"라고 말했다. 나는 진심으로 아내에게 "사랑하고 고마워"라고 말해주었다.

나는 세상에서 가장 공평한 것이 공부라고 생각한다. 공부에는 특별한 재료가 필요 없다. 집중하고 노력한 만큼 대가를 돌려주는 것이 바로 공부이다. 간절한 꿈이 있으면 간절하게 공부를 하게 된다.

공부를 잘하기 위해서는 노력과 성실성, 끈기, 집중력 등의 요소가 필수적이다. 이런 요소는 서로 긴밀하게 연결되어 있다. 좋은 성적을 얻기 위해 노력하는 과정에서 끈기가 길러지고 집중력도 생긴다. 결국 부단한 훈련을 통해 좋은 결과를 얻을 수 있으며 숱한 시험을 거쳐 단련이 되는 셈이다.

좋은 성적을 꾸준히 유지하고 그보다 높은 단계로 나아가려면 공부하는 습관을 길러야 한다. 저명한 교육학자들은 공부 습관이 중요하다고 강조했다. 어려운 문제에 봉착했을 때 그것을 풀어내는 능력이 습관에서 나온다는 것이다. 나는 공부할 때 힘이 들면 이렇게 말하곤 했다. "고통이 없으면 얻는 것도 없다."

글로벌 인재가 되는 길

만약 당신이 뛰어난 재능을 가졌다면 근면성은 재능을 더욱 향상시켜 줄 것이고, 보통의 능력을 가지고 있다면 부족함을 보완해줄 것이다.
–조슈아 레이놀즈

나는 대학교 1학년 때 영어 점수가 낙제 수준이었다. 한번은 시험을 치를 때 공부를 전혀 안 해서 답안지에 '교수님! 죄송합니다. 저는 시험공부를 못했습니다. 대기만성하겠습니다'라고 적기도 했다. 내가 '대기만성'이라고 쓴 이유는 영어 공부는 단기간에 실력이 향상되는 것이 아니므로 꾸준히 공부하여 마스터하겠다는 의미를 교수님에게 전하고 싶었기 때문이다.

나는 그것을 계기로 영어 공부를 열심히 했다. 처음에는 내 수준에 맞는 쉽고 재미있는 책을 골라서 공부를 했다. 쉬운 책을 읽다보니 영문 독해에 대한 두려움을 없앨 수 있었다. 자신감이 생기니까 영어 공부가 재미있었다. 나는 그 덕분에 대학원 입학시험과 졸업을 위한 영어종합시험에도 당당하게 통과할 수 있었다. 그 후 미국으로 유학을 가서도 영어로 진행되는 수업을 거의 소화할 수 있었다. 또한 영어로 석사, 박사 과정을 마치고, 박사 학위 논문을 영어로 썼고, 그 학위 논문이 한국인 최초로 A⁺를 받아서 도서관에 기증하게 되었다.

영어 성적이 좋지 않은 사람들은 단어와 숙어에 약하다고 말하곤 한다. 그러나 근본 이유는 영어로 된 글을 많이 읽지 않았기 때문이다. 영어 문장을 많이 읽고 쓰면 단어와 숙어가 늘 수밖에 없다. 나는 영어책을 읽을 때 모르는 단어나 관용구가 나오더라도 될 수 있으면 영한사전을 찾아보지 않았다. 나는 단어의 뜻에 집착하기보다는 글 전체의 윤곽과 큰 흐름을 놓치지 않으려고 했다. 그러다보니 앞뒤 맥락을 보면서 모르는 단어의 뜻을 유추할 수 있었다. 문장의 일부분이 이해되지 않거나 모르는 단어가 나온다고 지레 겁을 먹을 필요는 없다. 막히더라도 여백에 물음표를 남기고 계속 읽어나가면 된다. 그러면 뒷부분을 읽을 때 앞에서 몰랐던 부분을 유추해볼 수도 있다. 이런 공부 방법이 처음에는 힘들겠지만 차츰 적응하면 직역이 아닌 뉘앙스로 이해하는 폭이 넓어지고 영어를 원문 그대로 파악하게 된다.

이 짧은 글에서 영어 공부에 관한 얘기를 다 할 수는 없고, 내가 진정 말하고 싶은 것은 국제적인 마인드를 키워 세상의 주인공이 되라는 것이다. 우물 안에서 본 하늘은 한 평에 불과하다. 꿈을 가진 사람은 거침없이 더 큰 세상으로 나가야 한다. 그러려면 외국어 공부를 게을리 해서는 안 된다. 도전하겠다는 마음을 먹는 순간 이미 모든 가능성은 열린 것이다. 도전 의지가 강할수록 기회의 문은 활짝 열릴 것이다.

무슨 일을 하든지 이왕 한다면 최고가 되기로 결심해보라. 어느 누구도 넘볼 수 없는 수준까지 도달하는 것을 목표로 삼아보라. 당신의 가슴과 두뇌 속에 위대함을 향한 열정을 품어라. '이 분야에서만큼은 최고가 될 거야'라는 각오를 가져보라. 앞을 향해 계속 나아갈 수 있도록 부추기는 힘은 바로 비전을 이루게 하는 열정이다.

성공하려면 메모하라

머리로 쓰면 머리로 전달된다. 마음으로 쓰면 마음으로 전달된다.
—나카지마 다카시

나는 미국 버지니아 주의 작은 도시 린치버그에 위치한 리버티 대학에서 석사와 박사 과정을 했다. 공부하는 동안 나에게 가장 큰 영향력을 끼친 스승은 교회성장학자인 엠머 타운즈 박사였다. 어느 날 그 분께서 수업 시간에 이렇게 조언했다. "사랑하는 제군들! 무슨 글이든, 어떤 주제든 매일같이 글을 쓰게. 그것을 잘 정리하면 좋은 책이 된다네."

엠머 타운즈 박사는 이 방법을 통해 백 권이 넘는 책을 출판했고, 아직도 출판할 수 있는 책들이 수십 권이 넘는다고 했다. 나는 그 말을 가슴속 깊이 새겼고 한국으로 돌아와 그것을 실천하고 있다.

나는 책을 통해 학생들과 젊은이들에게 비전을 이루는 방법을 가르쳐주고, '비전 너머의 비전'을 구체적으로 알게 해주고 싶었다. 그래서 목표를 구체화하고 이 책을 쓰기 시작했다. 매일 원고를 쓰기 전에 성경책을 읽고 나서 하나님께 간절히 기도를 드렸다. 원고를 쓰다가 지치면 비전을 갖고 살아갈 제자들의 모습을 상상하며 다시 기도를 했다. 원고를 쓰는 동안 나는 왜 글쓰기가 치료제 역할을 하는지 실감할 수 있었다. 무엇인가를 성취한다는 즐거움은 상당한 것이었으며, 창작 심리는 갈등을 치유하는 특별한 능력을 지니고 있었다.

비전을 이루고 싶다면 글을 써라. 더 나은 나로 업그레이드 하고 싶다면 글을 써라. 글을 쓰는 과정에서 자연스럽게 지식관리 능력이 향상될 것이다. 또한 글로 자신을 풀어내면서 스스로를 반성하며 발전하는 방향으로 나아갈 수 있는 힘을 얻을 것이다.

나는 글을 쓰는 아이디어가 운동할 때, 샤워할 때 잘 떠오른다. 그래서 늦은 저녁에 주로 운동을 한다. 왜냐하면 이 시간에는 운동하는 사람들이 별로 없어서 조용하고 생각하기에 좋은 환경이기 때문이다. 아이디어가 생각나면 운동을 하다가도 항상 가지고 다니는 작은 메모장에 메인 아이디어만 적어 놓는다. 그런 다음 집에 돌아와 샤워를 하면서 운동할 때 떠오른 메인 아이디어를 또다시 생각한다. 이때 생각난 모든 것들을 컴퓨터를 켜고 주제에 해당하는 폴더에 두서없이 입력해 놓는다. 대충이라도 입력해 두지 않으면 메모한 것은 나의 것이 되지 않기 때문이다.

효과적인 메모 요령

사람의 기억력에는 한계가 있다. 그러나 메모하는 습관이 그 한계를 극복하게 한다. 메모하는 습관은 자기관리법에서 중요한 부분을 차지한다. 정보가 돈이고 동시에 경쟁력인 정보화 사회에서 메모는 필요한 정보를 가장 정확하고 빠르게 내 것으로 만들 수 있는 방법이다.

메모를 하는 것은 어려운 일이 아니다. 하지만 메모하는 습관을 갖는 것은 어려운 일이다. 잠깐의 귀찮음과 '지금 메모하지 않아도 괜찮겠지' 하는 생각이 번번이 발목을 잡기 때문이다. 그러나 이런 유혹을 이겨내고 일단 메모를 하게 되면 그 편리함은 이루 말할 수 없다. 메모하는 요령이 생기면 자신만의 간단한 약자로 메모를 할 수 있게 되어 시간을 줄일 수도 있고 자연스럽게 일의 능률이 오르기도 한다.

효과적으로 메모하는 요령을 알아보자.

요점만 메모하라

메모는 다른 사람에게 보여주기 위한 것이 아니라 자신을 위해서 하는 것이다. 글씨를 잘 쓰고 꼼꼼하게 적기 위해서 필요 이상의 공을 들일 필요는 없다. 요점만 메모하라. 상대방이 말하는 것을 백 퍼센트 메모하는 것은 초보자에게는 불가능한 일이다. 중요한 낱말을 중심으로 메모하는 것부터 시작하라.

항상 메모할 준비를 갖춰라

언제 어디서 무엇을 하든지 항상 메모할 수 있도록 필기도구를 준비해야 한다. 펜과 작은 수첩, 노트 등을 항상 휴대하자. 미처 도구를 갖추지 못했을 때는 핸드폰을 활용하자.

미루지 말고 즉시 메모하라

생각, 아이디어, 스케치 등이 떠오르는 즉시 메모를 하는 것이 좋다. 시간이 지나면 기억할 수 없고 좋은 아이디어나 구상을 잊어버리게 된다. 좋은 생각과 아이디어 등을 즉시 메모하지 않는 것은 길에 떨어진 돈을 줍지 않는 것과 같다. 순간적으로 떠오른 영감과 구상을 놓치지 말고 즉시 메모하는 것이 돈을 버는 길이다.

메모한 것은 나중에 꼭 정리하라

메모를 아무리 잘해도 시간이 없다는 핑계로 정리하지 않으면 쓸모가 없다. 시간이 경과하면 메모를 정리하는 데 시간이 많이 들기 때문에 포기하거나 애써 적은 메모들을 버리게 된다. 메모한 것은 당일, 혹은 일주일에 한 번 정리하는 것을 원칙으로 삼자. 필요에 따라 컴퓨터에 입력해 두는 것도 효과적이다.

한 번 더 읽어보고 활용하라

메모는 다시 찾아서 읽어보고 활용하는 것이 좋다. 급하게 처리해야 할 일과 천천히 처리해도 되는 일 등을 다시 한 번 읽고 분류한 후 적절한 때에 활용하는 것이 중요하다. 가능하면 주제별, 업무별, 날짜별 등으로 정리하는 것이 효과적이다. 메모는 다시 체크하고 활용할 때 소중한 정보가 된다.

메모지는 한 가지만 사용하라

메모는 수첩이나 노트, 메모지, 다이어리, 핸드폰 중에서 한 가지만 사용하는 것이 좋다. 여러 가지를 사용할 경우에는 정리하는데 시간이 많이 소요되고 불편하다. 때로는 실수로 메모한 종이를 버리는 경우도 발생한다. 눈에 잘 띄는 색상의 종이를 꾸준히 사용해 한눈에도 메모한 것임을 알 수 있게 하자.

독서를 하면서 메모하라

나는 매일 책을 읽는다. 책을 읽으면서 감동을 주는 말, 필요한 정보와 자료 등을 미루지 않고 메모한다. 그러면 독서의 효과를 배로 높일 수 있다.

목적 있는 메모를 하라

메모를 할 때는 목적이 분명해야 한다. 내가 메모하는 목적은 책을 쓰기 위해서이다. 나는 책을 읽다가 필요한 정보, 자료, 좋은 글, 감동적인 이야기, 교훈적인 내용 등이 있으면 즉시 메모를 한다. 그다음 주제별로 나누어서 컴퓨터에 저장한다. 메모하는 목적이 분명해야 지속적으로 메모하는 습관을 갖게 된다.

속도의 시대에 표현 능력은 필수가 되었다. 나는 메모하는 습관 덕분에 글쓰기 능력이 향상되었다. 좋은 아이디어를 메모하다 보니 기록한 것을 가장 효과적으로 전달하는 능력까지 갖추게 되었다. 자신의 생각을 상세하게 표현하고, 일목요연하게 정리하는 최소한의 글쓰기 능력은 하루아침에 만들어지지 않는다. 나는 메모하는 습관을 통해 문장력이 좋아졌고, 독서를 통해 풍부한 지식을 쌓고 능동적인 사고 훈련을 할 수 있었다. 당신도 메모를 해보라.

8장

시간관리가 안 되면 비전을 이룰 수 없다

보통 사람은 시간을 소비하는 것에 마음을 쓰고, 재능 있는 사람은 시간을 이용하는데 마음을 쓴다.

-쇼펜하우어

시간관리가 왜 중요한가?

시간은 가장 부족한 자원이다. 그것을 관리하지 않으면 아무것도 관리할 수 없다.
–앨리 맥켄지

시간은 대체할 수도 없고 저장할 수도 없는 유한 자원이며 동시에 가장 낭비하기가 쉬운 자원이다. 시간관리는 모든 사람들에게 꼭 필요한 기술 중에 하나이다.

강인선은《하버드 스타일》이라는 책에서 하버드 재학생들의 자기 관리법을 소개했다. 하버드에는 천 개가 넘는 강의가 있고 백 가지 이상의 과외활동 리스트가 있다. 1,100여 개의 강의와 과외활동 리스트를 두고 고민에 빠진 신입생들은 선배들에게 달려가 가장 좋은 강좌, 흥미로운 과외활동을 추천해 달라고 부탁한다. 이때 선배들이 입을 모아 해주는 조언이 있는데 그 내용이 흥미롭다. 그것은 "너무 많은 과외활동에 참가하지 말라"는 것이다. 이것은 모든 것에 앞서 가장 중요한 것이 시간관리임을 깨우쳐 주는 대답이다. 기회를 잡기 이전에 자신의 시간을 먼저 다스릴 줄 알아야 한다는 것이다.

시간관리는 왜 중요할까? 그 이유는 다음과 같다.

첫째, 시간관리를 하면 주어진 시간에 목표를 달성할 수 있다.

둘째, 우선순위를 잘 정하면 일관성 있고 질서정연하게 일을 처리해 나갈 수 있다.

셋째, 목표와 계획을 잘 세울 수 있으므로 시간과 물질과 정력의 낭비를 막아준다.

넷째, 일하는 시간과 휴식 시간을 조화 있게 구성함으로써 적당한 긴장감을 갖고 삶을 유연하게 운영할 수 있다.

다섯째, 서두름과 분주함을 예방하며 스트레스를 막아주어 건강한 삶을 살게 한다.

여섯째, 여유 시간을 충분히 만들 수 있다.

영국 육군 사령관 웰링턴 장군은 나폴레옹의 군대로부터 유럽을 구해냈다. 그는 오랜 세월 전장에서 1분 1초가 생명과 직결되는 순간을 목격하며 살아온 덕분에 시간을 매우 소중하게 생각했다. 어느 날 그는 런던 시의 고급관리와 만나기로 약속을 했다. 웰링턴 장군은 평소처럼 약속 시간에 맞춰 나갔다. 그와 약속했던 관리는 5분이 지나서야 약속 장소에 나타났다.

"5분 지각이군요."

웰링턴 장군이 시계를 보면서 불쾌한 얼굴로 얘기했다. 관리는 대수롭지 않은 표정으로 대꾸를 했다.

"불과 5분 늦었습니다. 각하."

그 말을 들은 웰링턴이 자리를 박차고 일어나며 화를 냈다. "불과 5분이라고? 그 5분 동안에 우리 군대가 패배를 당했을지도 모르지 않는가! 그런 일은 단 1분 동안에도 일어날 수 있소!"

고급관리는 그제야 백배사죄를 했다. 그 일이 있고 얼마 후 관리와 웰링턴이 다시 만날 약속을 했다. 관리는 지난번의 일을 만회할 겸 약속 장소에 미리 나가 웰링턴을 기다렸다. 웰링턴이 약속 시간에 나타나자 관리가 말했다.

"이번에는 제가 5분 먼저 왔습니다."

그러자 웰링턴이 불쌍한 표정으로 관리를 내려다보며 말했다.

"자네는 시간의 가치를 잘 모르는군. 나는 정각에 왔단 말일세. 5분이나 낭비하다니, 아깝기 짝이 없는 일이야!"

마크 포스터는 《시간관리? 인생관리!》라는 책에서 시간을 성공적으로 관리하는 사람과 그렇지 못한 사람의 특성을 이렇게 제시했다.

- 시간관리를 잘하는 사람은 단호하고, 시간관리를 못하는 사람은 충동적이다.
- 시간관리를 잘하는 사람은 큰 그림을 보지만, 시간관리를 못하

는 사람은 사소한 것들에 얽매인다.

- 시간관리를 잘하는 사람은 좋은 시스템이 있지만, 시간관리를 못하는 사람은 시스템이 없거나 나쁜 시스템을 사용한다.
- 시간관리를 잘하는 사람은 일과 놀이의 균형을 맞추지만, 시간관리를 못하는 사람은 그렇지 못해서 둘 다 엉망이 된다.
- 시간관리를 잘하는 사람은 상대적으로 스트레스를 덜 받지만, 시간관리를 못하는 사람은 늘 스트레스에 시달린다.
- 시간관리를 잘하는 사람은 관심을 집중시키지만, 시간관리를 못하는 사람은 관심을 분산시킨다.
- 시간관리를 잘하는 사람은 행동으로 두려움에 반응하지만, 시간관리를 못하는 사람은 회피함으로써 두려움에 반응한다.

시간을 어떻게 관리할 것인가?

죽기 전에 일생을 회고하면서 만족을 느끼기를 원한다면, 당신은 평소에 시간의 가치를 배워야 하고, 또 단 1분의 시간도 낭비하지 않도록 노력해야 한다.
–사무엘 존슨

먼저 내 시간관리법을 얘기해야겠다. 나는 매일 아침 7시까지 학교에 출근한다. 왜냐하면 아침 시간이 중요하기 때문이다. 학교에 가자마자 가장 먼저 하는 것은 기도다. 그리고 성경을 소리 내어 읽는다. 그런 다음에 오늘 해야 할 일이 무엇인지, 달력에 적어놓은 약속을 확인한다. 나는 주로 달력에 약속시간과 장소, 학교 행사, 일정표, 제출해야 할 서류와 글 마감일 등을 적어놓는다. 그래서 달력이 두 개이다. 하나는 주로 약속을 잡는데 사용하고, 다른 하나는 약속 이외에 필요한 것들을 적는데 사용한다.

나는 화요일 점심시간(동료 교수들과 점심을 먹는 날이다)을 제외하고는 주로 나의 작은 연구실에서 간단한 점심을 주문하여 학생들과 함께 먹는다. 왜냐하면 점심시간이 짧고 이동하는 데는 시간과 차량이 필요하기 때문이고, 시간을 아껴서 좀 더 많은 시간을 학생들과 대화하기 위해서이다. 학생들도 나와 함께 연구실에서 점심을 먹는 것을 즐겁게 생각하는 편이다. 나는 점심을 함께 먹는 제자들이 고맙다. 밥을 통한 교제는 대화를 부드럽게 만드는 활력소 역할을 한다. 식사를 함께 하는 것은 대인관계를 부드럽게 만든다. 그것은 닫힌 마음을 열어주는 힘이 있다.

나는 밥을 먹으면서 자연스럽게 대화를 풀어간다. 학생들은 편하게 자신의 미래에 대한 고민, 미래의 비전, 하고 싶은 일 등을 나에게 말해준다. 그들의 이야기를 다 듣고 나면 나는 웃으면서 "비전 너머의 비전을 품어라" 하고 말해준다. 그들은 '비전 너머의 비전'이 무슨 뜻인지 몰라서 어리둥절해 한다. 그래서 나를 예로 들어 말을 한다.

"나의 비전은 교수가 아니다. 비전 너머의 비전은 교수가 최종적인 목표가 아니라, 교수가 된 후에 앞으로 무엇을 해야 할 것인가, 어떤 사람이 될 것인가, 어떤 영향력을 주는 사람이 될 것인가, 다른 사람들에게 어떤 사람으로 기억에 남을 것인가 등을 말하는 것이다."

내가 자세하게 설명을 해주면 그들은 고개를 끄덕끄덕 흔든다. 나의 조언이 그들의 인생에 도움이 되었으면 하는 바람이다.

나는 아내와 저녁을 함께 먹는 날은 일주일에 한두 번 정도이다. 주로 토요일 저녁이나 일요일 저녁이다. 나머지 저녁은 주로 학생들하고 먹는다. 나와 저녁식사를 하는 학생들은 주로 자취생, 하숙생, 기숙사생, 상담이 필요한 학생, 학생회 임원과 대표들, 내 강의를 신청한 수강생들이다. 나는 다양한 학생들과 만나 식사 교제와 친교를 하면서 그들을 섬기고 그들에게 영향력을 주는 교수가 되고자 한다.

저녁 식사를 한 다음에는 아내가 기차역에 도착할 시간에 맞추어 차를 타고 역으로 향한다. 아내는 서울에 있는 고등학교에서 교사로 일하기 때문에 아침에는 기차역까지 태워 주어야 하고 저녁에는 기차역으로 가서 아내를 태우고 집으로 향한다. 나는 아내의 콜택시 기사다.

나는 아내와 함께 집에 도착하면 뉴스를 본다. 그리고 혼자서 운동을 하러 밖으로 나간다. 매일 한 시간씩 운동을 하는데, 운동을 하면서 기도를 하고, 생각도 정리하고, 아이디어도 만들고, 집필할 책 구상도 한다. 나에게는 없어서는 안 될 꼭 필요한 시간이다.

운동을 마친 다음에는 내 서재에서 책을 보고 글을 쓴다. 처음에는 몸이 피곤한 상태에서 글을 쓰려니까 몇 줄 쓰는 것도 고역이었다. 그러나 이것이 습관이 되고 글을 쓰는 것을 즐기려고 했더니 생각이 잘 정리되었다. 나는 책을 통하여 영향력을 끼치는 사람이 되고 싶기 때문에 이 일을 즐겁게 하고 있다. 이것이 나의 비전 너머의 비전 중에 하나이다.

나에게는 글 쓰는 능력은 부족하지만 노력하는 마음이 있다. 노력하면 하늘도 돕는다고 했다. 심는 대로 거둔다고 했다. 나는 이 말을 진리처럼 여긴다.

1분 1초를 소홀히 여기지 마라

한 연구소에서 시간 사용에 대한 연구를 했다. 사람이 72년을 산다고 가정했을 때 평생에 해당하는 72년을 어디에 사용했는지 통계를 낸 것이다. 그 결과 사람들은 6년 동안 먹고, 11년 동안 일하고, 5년 반 동안 빨래와 설거지를 하고, 3년 동안 공부하고, 6년 동안 기다리고, 8년 동안 오락을 즐기고, 3년 동안 책을 읽고, 2년 동안 남을 비난하고, 3년 동안 말없이 지내고, 24년 동안 잠자고, 6개월 동안 하나님께 예배를 드리는 것으로 72년이라는 시간을 사용한다는 것을 알게 되었다.

이 연구 결과에 의하면 대부분의 사람들이 잠자는데 일하는 시간의 두 배를 사용하고, 오락하며 즐기는데 책 읽는 시간의 두 배를 쓴다. 너무 지겹게 느껴졌던 공부 시간이 다 합쳐보면 고작 3년, 그냥 잠깐으로 생각하며 아무것도 하지 않고 아무 말도 하지 않으며 빈둥거렸던 그 순간들 역시 3년이다. 결과만을 놓고 보면 우리는 충분히 놀고 자고 있다. 그러나 그것을 알고 있는 사람은 매우 드물다. 오히려 반대로 생각하는 사람들이 많다. 잠은 늘 부족하고, 휴식은 모자라며, 일은 과도하고, 공부는 충분히 했다고 생각하는 것이다. 이러한 착오가 생기는 것은 절대적이지만 상대적이기도 한 시간의 특성을 모르기 때문이다. 시간은 개인의 힘으로 멈추거나 빠르게 가도록 할 수 없다. 그러나 그 특성을 알면 효율적으로 사용할 수 있다.

시간은 공평하다

시간은 누구에게나 공평하게 주어진 자원이다. 빈부귀천을 떠나 모두가 24시간을 하루로 보낸다. 그럼에도 불구하고 누군가는 "시간이 모자라서 못했어", "너무 바빠서 못 끝냈어"라는 말을 입에 달고 살며, 또 다른 누군가는 그 하루 안에서 참으로 많은 일들을 해낸다. 시간이 모자라 아무것도 이루어내지 못한 사람에게 특별히 48시간의 하루를 준다면 무언가 달라질까? 그렇지 않다. 그 사람에게는 하루를 48시간으로 주어도 부족하다고 할 것이다. 왜냐하면 정말 중요한 것은 '시간이 얼마나 많은가'가 아니라 '주어진 시간을 어떻게 관리하는가'이기 때문이다.

시간의 가치는 변하지 않는다

시간의 가치는 과거, 현재, 미래에도 동일하다. 시간은 돈 그 이상이다. 시간의 가치를 모르고 낭비하는 사람은 돈보다 귀한 것을 낭비하는 것과 같다.

최고의 시계를 만드는 데 일생을 바친 사람이 있었다. 그는 아들이 성인이 되는 날 손수 시계를 만들어 선물로 주었다. 그 시계의 시침은 동으로 만들어져 있었고 분침은 은으로 만들어져 있었다. 그런데 초침은 금으로 되어 있었다.

아들은 시계를 받아들고 아버지에게 물었다. "아버지, 시침이 가장 크니까 금으로 장식하고, 가장 가는 초침은 동으로 만들어야 하지 않나요?"

그러자 아버지가 말했다. "아니다. 초침이야말로 금으로 만들어야 한단다. 초를 잃는 것이야말로 세상의 모든 시간을 잃는 것과 마찬가지니까."

그는 아들의 손목에 시계를 채워주며 말을 덧붙였다. "초를 아끼지 않는 사람이 어떻게 시와 분을 아낄 수 있겠니? 너도 성인이 되었으니 1초의 시간을 책임질 수 있는 사람이 되도록 노력하렴."

시간은 가장 중요한 자원이다

인도가 영국의 지배를 받고 있던 때의 일이다. 인도의 독립을 위해 애쓰는 모임의 지도자였던 간디는 영향력 있는 사람들의 의견 결집을 위해 회의를 소집했다. 간디는 회의 시간에 정확히 나타났다. 그런데 회의 장소에는 아무도 나와 있지 않았다. 2~3분쯤 지나서야 사람들이 하나둘 모이기 시작했다. 애초에 약속했던 회의 시간을 5분쯤 넘기고 나서야 사람들이 다 모였다. 예정보다 늦게 회의가 시작되었고 간디는 비통한 어조로 이렇게 말문을 열었다. "지금 여기 모인 사람들은 5분 이상 늦었습니다. 5분이란 시간을 소홀히 여기면 안 됩니다. 이로 인해 인도의 독립도 그만큼 늦어졌다는 사실을 명심하십시오."

경영학자인 피터 드러커는 "시간은 사람에게 있어 가장 중요한 자원이다. 시간을 잘 관리하지 못하는 사람은 다른 것도 관리할 수 없다"고 말했다. 맥아더 장군도 시간의 중요성을 이렇게 강조했다. "나는 보석과 돈을 내던지는 사람을 어리석은 사람이라고 불렀는데, 만약 한 시간을 내던지는 사람이 있다면 그에게 더 어리석다고 할 것이다."

시간은 빠르게 지나간다

"세월이 지나가는 속도는 사람의 나이에 정비례하여 느껴진다"는 말이 있다. 10대는 10킬로, 20대는 20킬로, 80대는 80킬로로 시간의 속도를 느낀다는 것이다. 성경에서 구약시대를 살았던 모세는 "시간은 화살처럼 매우 짧고 빠르게 지나간다"라고 말했다.

시간은 저장할 수 없다

시간은 한번 흘러가면 다시 사용할 수 없다. 흐르는 물은 받아서 저장할 수 있고, 이미 사용한 물도 정화하여 재활용할 수 있다. 그러나 시간은 흐르는 즉시 사라진다. 시간은 저장이 불가능한 자원이고 재활용도 불가능하다.

시간은 유익을 가져다준다

성공하는 사람과 실패하는 사람의 차이는 시간관리에 있다. 성공한 사람들은 시간의 중요성을 잘 알고 있으며 시간이 주는 유익도 잘 알고 있어서 시간을 유용하게 활용할 줄 안다. 공병호 원장은 시간이 주는 유익에 대하여 "우리가 추구하는 행복, 건강, 부, 명성을 낳는 것은 결국 시간이다"라고 말했다.

★시간관리 체크리스트★

당신은 지금 시간관리를 잘하고 있는가?

다음의 체크리스트를 통해 자신의 시간관리 능력을 객관적으로 평가해보라.

그렇다(4점)	그런 편이다(2점)	아니다(0점)

1. 날마다 해야 할 일의 목록(일과표)을 작성하는가?
2. 가장 높은 보상을 가져올 일의 순서대로 일과표의 우선순위를 정하고 있는가?
3. 보통 일과표의 모든 일을 끝내는가?
4. 공부와 정해진 목표를 해나가기 위해 일과표를 항상 새롭게 작성하는가?
5. 책상은 깨끗하게 잘 정리되어 있는가?
6. 물건을 제자리에 놓아두는가?
7. 하고 있는 일이 방해받고 있을 때 효과적으로 대처하는가?
8. 책장이나 자료함에서 원하는 것을 쉽게 찾을 수 있는가?
9. 단호하게 결정하고 행동하는 편인가?
10. 하루 중에 방해받지 않는 당신만의 조용한 시간을 활용하고 있는가?
11. 장황한 얘기를 늘어놓는 친구들에게 효과적으로 대처하는 편인가?
12. 문제가 발생한 후 해결하는 것보다 발생하지 않도록 신경을 쓰고 있는가?
13. 시간을 최대로 잘 활용한다고 여겨지는가?
14. 여유 있게 마감시간을 지키는가?
15. 약속, 모임, 행사에 시간을 정확히 지키는가?
16. 하고 있는 일을 곧잘 위임하는가?
17. 지시한 일들에 대해서 후배들이 성의 있게 따라주는가?

18. 방해를 받고난 후 조금의 시간 낭비도 없이 하던 일로 다시 돌아갈 수 있는가?

19. 장기적인 목표를 이루기 위해 단계적으로 무언가를 정해놓고 매일 하고 있는가?

20. 자유로운 시간을 일에 대한 걱정 없이 즐길 수 있는가?

21. 사람들은 당신에게 연락이 닿을 수 있는 가장 좋은 시간을 알고 있는가?

22. 하는 일 중 가장 중요한 일을 창의력이 가장 왕성한 시간에 하고 있는가?

23. 하루 정도 당신이 없더라도 다른 사람들이 당신을 대신해서 주어진 일을 할 수 있는가?

24. 프로젝트를 제때에 시작하고 끝맺는가?

25. 하루에 계획한 일들을 정해진 시간에 다루고 있는가?

점수를 모두 합산해보라. 당신의 점수는?

81~100점	시간관리를 아주 잘 하는 편이다.
61~80점	시간관리를 비교적 잘하는 편이다.
41~60점	귀중한 시간을 놓치고 있지 않은가?
21~40점	시간을 대충 보내고 있지는 않는가?

출처: 백석대학교 학생상담센터

나의 시간관리 능력은 ____점이다.

혹 점수가 낮다 해도 걱정할 필요는 없다. 지금부터 시간관리를 잘하면 된다. 먼저 나의 시간관리 능력을 몇 점까지 끌어올리고 싶은지 목표를 정해보라.

____개월 뒤, 나의 시간관리 능력은 ___점이 될 것이다.

효과적인 시간관리법

지혜가 있는 사람은 시간의 손실을 가장 슬퍼한다.
–단테

사람들은 돈을 낭비하는 것은 걱정하면서도 시간을 낭비하는 것은 크게 문제 삼지 않는다. 시간을 어떻게 관리하느냐에 따라 인생의 성패가 좌우되는데도 말이다.

특히 20대의 가장 큰 자산은 시간이다. 그러나 시간의 가치를 모르는 젊은이들이 너무 많다. 시간은 누구에게나 하루 24시간씩 공평하게 주어지는 것 같지만 사실은 그렇지 않다. 시간을 어떻게 관리하느냐에 따라 어떤 사람에겐 하루가 24시간이 될 수도 있고, 어떤 사람에겐 22시간이 될 수도 있다. 하루에 한두 시간의 차이는 대수롭지 않아 보인다. 한두 시간쯤 아무것도 하지 않고 보낸다 한들 크게 달라지는 것은 없다. 하지만 그렇게 허투루 보낸 시간이 5년, 10년이 지나면 실로 엄청난 시간이 된다. 20대에 흘려보낸 시간을 30대에 만회하려면 두 배 이상의 시간이 걸린다.

우선순위를 정하라

우리는 하루라는 시간 안에 여러 가지의 일들을 처리해야 한다. 해야 할 일은 많고 선택의 폭도 넓다. 그래서 우선적으로 처리해야 하는 일들을 선별해내는 것이 중요하다.

"중요한 일 중에서 긴급도가 높은 것은 없으며, 긴급한 일 중에서 중요한 것은 거의 없다"는 격언이 있다. 우선순위를 결정할 때는 중요한 일과 긴급한 일 사이의 적당한 균형을 잘 고려해야 한다.

이탈리아의 경제학자 빌프레도 파레토의 '80대 20 법칙'은 우선순위의 중요성을 잘 설명해 준다. 파레토의 법칙은 성공의 80퍼센트가 20퍼센트의 실천으로부터 나온다는 원리이다. 즉 중요하지 않은 80퍼센트의 일을 하는 것보다는 중요한 일 20퍼센트 정도만 선택하여 집중하라는 원리이다. 우선순위를 잘 정하면 돈과 시간을 아낄 수 있다.

우선순위를 정하는 데에는 다음의 간단한 표가 큰 도움이 된다. 하루의 할 일, 또는 일정 기간 안에 해야 하는 일들을 백지에 떠오르는 대로 메모한 후 다음의 틀에 정리하면 우선순위가 한눈에 보일 것이다.

인생의 모든 일들은 이 네 가지 범주 안에 들어온다.

긴급하고 중요한 것 즉시 시작하지 않으면 안 된다. 우선순위상 가장 높은 곳에 두어야 한다.	긴급하지 않으나 중요한 것 시간의 여유가 있다. 그러나 조만간 긴급해진다.
긴급하지만 중요하지 않은 것 단기간에 해야 할 일이다. 이 일은 다른 사람에게 위임하는 것이 좋다.	긴급하지도 않고 중요하지도 않은 것 당장 시작하지 않는 것이 좋다.

자투리 시간을 활용하라

'자투리'란 말은 팔거나 쓰거나 하다가 남은 천의 조각을 말한다. 자투리 천은 가게에서 팔다가 남은 작은 천 조각들이기 때문에 대부분 버려진다. 그러나 자투리 천이라도 잘만 이용하면 훌륭한 인형이 되기도 하고 멋진 방석이 되기도 한다. 자투리 시간 역시 마찬가지다. 자투리 시간이란 중요한 일들 사이사이에 끼어 있으나 생산적으로 쓰기에는 마땅하지 않다고 생각해서 사람들이 그냥 흘려보내기 쉬운 시간들을 말한다. 살다 보면 자투리 시간이 남기 마련이다. 어떤 사람은 자투리 시간을 쓸모가 없다고 버리지만 또 어떤 사람은 그것을 소중히 활용해서 멋진 인생을 만들어낸다.

자투리 시간은 버리는 시간이 아니다. 자투리 시간을 잘 활용하면 그 가치는 돈으로 환산할 수 없다. 매일 5분을 활용해 영어 단어를 5개씩 외우면 한 달이면 150개, 일 년이면 1,800개, 십 년이면 18,000개가 된다. 이것이 자투리 시간 5분의 위력이다.

만약 우리가 하루에 15분을 더 사용한다고 가정하면 1년 365일보다 11일을 더 벌 수 있다. 그리고 하루 30분의 자투리 시간을 잘 모으면 1년에 22일을 더 사용할 수 있는 효과가 있다. 이제부터 5분, 10분, 15분, 30분의 자투리 시간에 할 수 있는 일을 생각해보고, 어디를 가든 활용할 수 있도록 간단히 준비해 다니자. 단어집 한 권, 읽을 책 한 권이면 크게 부담 없는 무게이다. 그밖에 스마트폰, 태블릿 PC, 노트북을 활용하면 할 수 있는 일이 무궁무진하다.

게으름은 습관이다

《성경》에는 이런 말씀이 있다. "조금만 더 자야지, 조금만 더 눈을 붙여야지, 조금만 더 팔을 베고 누워 있어야지 하면 가난이 강도처럼 들이닥치고 빈곤이 방패로 무장한 용사처럼 달려들 것이다"(잠언 24장 33~34절).

문요한은 《굿바이 게으름》이란 책에서 이렇게 말했다. "꼭 빈둥거리는 것만이 게으름이 아니다. 방향성 없이 똑같은 하루를 반복하고, 중요한 일을 뒤로한 채 사소한 일에 매달리고, 완벽주의라는 덫에 빠져 결정을 끊임없이 미루고, 늘 바빠 보이지만 실속은 없고, 똥줄이 타야만 일이 되고, 능력이 됨에도 불구하고 도전하지 않는다면 당신은 게으르다."

나쁜 습관은 무섭다. 거머리처럼 평생 동안 따라다니면서 손해를 끼친다. 벤저민 프랭클린은 "게으름은 쇠붙이의 녹과 같다. 노동보다 더 심신을 소모시킨다"라고 말했다. 나쁜 습관 중에서 가장 고치기 힘든 것이 바로 게으름이다. 습관은 좀처럼 고치기 힘든 것인데, 거기에 게으름까지 보태지면 여러모로 가망이 없어 보인다. 그러나 여기서 달리 생각할 부분이 있다. 습관은 천성이 아니란 점이다. 좀처럼 고치기 힘들 뿐, 어렵지만 고칠 수 있는 부분이라는 점이다. 게으름이 천성이 아니라 습관이라는 것만으로도 희망은 있다. 게으름이라는 나쁜 습관을 떨쳐버리자. 게으른 습관 아래 깔려있는 당신의 좋은 천성을 찾아 빛을 보게 해주자!

시간의 낭비를 제거하라

시간전문가 마이클 포트노는 한 사람이 일생 동안 사소한 일에 시간을 얼마나 사용하는가를 연구했다. 사람들은 화장실에서 7년, 식사하는데 6년, 줄을 서서 기다리는데 5년, 집안 청소를 하는데 4년, 회의를 하는데 3년, 물건을 찾느라 1년, 스팸메일 보는데 8개월, 빨간 신호등 앞에서 6개월, 양치질에 120일을 사용했다. 배우자와의 대화에는 하루 4분, 아이들과 대화하는데 하루 30초 정도만을 사용한다는 사실도 알아냈다.

스위스에 사는 한 노인도 비슷한 연구를 했다. 인간의 수명을 80년이라고 가정했을 때 약속시간 기다리는 데 5년을 보내고, 여자들의 경우 화장하는 시간만 1년 6개월이라고 밝혀냈다.

일 년을 기다린 휴가가 일주일이 되지 않는 마당에 스팸메일을 보느라 8개월을 소비한다니 정말 충격적인 사실이다. 이 연구 결과를 계기로 내 삶 속에서 반복되어 일어나는 비생산적인 일과 그로 인해 낭비되는 시간들을 체크해 보았다. TV를 보는 시간, 목적 없는 인터넷 검색, 언젠가는 필요하겠지 싶어 모아둔 다양한 프린트 정리 등으로 꽤 많은 시간을 흘려버리고 있었다. 피터 드러커는 이렇게 말했다. "나는 지식근로자 가운데 직위나 담당 직무에 관계없이 실제 업무 시간의 4분의 1이나 낭비할 수 있는 잡다한 비핵심적인 업무들을 쓰레기통에 내다버려서 문제가 된 사람을 한 명도 본 적이 없다." 나는 이 말을 예전부터 알고 있었지만 잡다한 일로 시간을 낭비하고 있음을 다시금 깨달았다.

어떻게 하면 시간의 낭비를 줄일 수 있을까? 시간관리는 돈 관리와 유사한 점이 있다. 돈 관리를 잘 하려면 먼저 수입과 지출을 분석해야 한다. 많이 버는데 초점을 맞추고 지출 관리를 하지 않으면 수입보다 지출이 많아져 적자를 면하지 못한다. 수입과 지출을 잘 맞추어 밸런스를 잡아주어야 하는 것이다. 시간관리도 마찬가지다. 하루 일정을 새롭게 짜서 시간을 확보하는 것도 중요하지만 시간의 사소한 손실을 막아 균형을 맞추어 주는 것이 중요하다.

몇 년 전 〈USA 투데이〉는 성공을 위한 시테크 전략을 소개했다. 이 기사에서 참고할 만한 몇 가지를 소개한다.

- 한번 손대기 시작한 일은 가능하면 끝을 낸다.
- 자잘한 업무들은 묶어서 한꺼번에 처리한다.
- 최고로 능률이 오르는 시간에 가장 소중한 일을 한다.
- 출퇴근길에 자동차 안에서 보내는 시간을 활용한다.
- 타이트한 스케줄보다는 느슨한 스케줄이 업무 완성률을 높인다.
- 아이디어가 떠오를 때마다 써놓을 수 있는 노트를 꼭 갖고 다닌다.
- 동료나 상사에게 무슨 일을 먼저 해야 할 것인가를 의논한다.
- 계획을 짜고 우선순위를 정하는 데 시간을 할당한다.
- 정신을 집중해야 하는 창조적인 업무는 행정 업무와 분리시킨다.
- 스스로 업무에 대한 마감 시간을 정해놓는다.
- 무슨 일이든 미루지 않고 지금 바로 한다.

미루지 말고 바로 시작하라

내가 미국에서 공부할 때의 일이다. 시간을 어렵게 내서 가족과 함께 자동차 여행을 가게 되었다. 그런데 나의 미루는 습관 때문에 모처럼 계획한 가족 여행을 망칠 뻔했다.

나는 얼굴에 바르는 로션이든 휴대 전화 배터리든 뭐든지 먼저 챙기지 않는다. 로션이 다 떨어지고 배터리가 방전되어서야 뒤늦게 부랴부랴 챙기는 습관이 있다. 그날은 자동차 기름이 문제였다. 자동차 계기판에 기름을 넣으라는 노란색 경고등을 보고도 '다음 주유소에 가서 넣지' 하며 주유소를 그냥 지나친 것이 화근이었다. 경고음은 계속 울리는데 주유소는 보이지 않았다. 우리는 사막 지역을 지나고 있었고, 거기다 어둑어둑 땅거미가 내리고 있었다. 뒷좌석에서 잠든 딸의 얼굴을 보니 가슴이 철렁 내려앉았다.

'이대로 사막 지역에서 차가 멈춘다면?' 나는 눈앞이 캄캄했다. 후회해도 소용이 없었다. 가슴을 졸이면서 하나님을 백 번도 더 찾았다. 그렇게 운전하며 가는 몇 분이 마치 몇 년처럼 느껴졌다.

다행히 차가 거의 서기 직전에 주유소를 발견하게 되어 위기를 넘겼지만 지금도 그때를 떠올리면 등에 식은땀이 난다. 그날을 계기로 나는 미리미리 준비하는 습관을 갖게 되었다.

나는 기도를 하면서 다음 날 할 일을 오늘 밤에 미리 준비한다. 이렇게 하면 잠을 편안하게 잘 수 있고, 잠을 자는 동안에도 잠재의식이 계획과 목표에 작용하여 아침에 일어나면 일을 할 때 도움이 되는 영감을 얻는 경우도 종종 있다. 그리고 오늘 해야 할 일의 목록을 전날 밤에 적어두었기 때문에 머리가 맑아져서 하루를 활기차게 보낼 수도 있다.

소중한 꿈의 설계도를 만들어라

시간을 낭비하는 것은 인생을 낭비하는 것이다. 시간을 정복하는 것은 인생을 정복하는 것이며 인생을 최대한 활용하는 것이다.
–앨런 레이킨

이런 얘기가 있다. 일 년의 가치를 알고 싶다면 재수하는 학생에게 물어보라. 한 달의 가치를 알고 싶다면 훈련소에 입소한 군인에게 물어보라. 한 주의 가치를 알고 싶다면 신문 기자에게 물어보라. 한 시간의 가치를 알고 싶다면 버스를 기다리는 손님에게 물어보라. 일 분의 가치를 알고 싶다면 열차를 놓친 사람에게 물어보라. 일 초의 가치를 알고 싶다면 아찔한 사고를 피할 수 있었던 사람에게 물어보라. 천분의 일 초의 가치를 알고 싶다면 100미터 육상 선수에게 물어보라.

1초를 소홀히 여기는 사람은 1분을, 한 시간을 소홀히 생각한다. 더 나아가 하루를 헛되이 보내고 일생을 헛되이 보내게 된다.

"내가 헛되이 보낸 오늘 하루는 어제 죽어간 이들이 그토록 살고 싶어 했던 내일이다"라는 말이 있다. 이 말은 내가 중·고등학교 시절에 책상에 붙여두었던 명언이다. 시간은 강물이 흐르듯 쉬지 않고 흘러간다. 이런저런 핑계를 대며 지금 할 일을 내일로 미룬다면 시간을 헛되이 보내는 것이다.

당신이 생각하고 꿈꾸는 것을 현실로 이루기 위해 노력할 수 있는 시간은 오늘밖에 없다. 일생 중에 가장 소중한 날은 바로 오늘이다. 그런데 이런 사람들이 있다.

"오늘은 놀고 내일부터 열심히 하지 뭐."

"날이 오늘밖에 없나? 내일도 있고 모레도 있어."

"오늘 하루를 그냥 보낸다고 해서 내 인생이 어떻게 되겠어?"

이런 사람들은 시간의 소중함을 알지 못한다. 지금 헛되이 보내는 시간이 과거가 되고 그 과거가 미래를 만든다는 것을 잊어서는 안 된다.

우리는 매일매일 '주도적으로 행동할 것인가, 아니면 반사적으로 끌려가듯 반응할 것인가'를 선택해야 한다. 생활에 쫓기다 보면 자신이 추구하는 목적을 생각해볼 겨를도 없이 하루하루를 보내기 쉽다. 그러면 점점 현실에 안주하면서 소중한 꿈을 조금씩 포기하는 데 익숙해진다. 결국에는 내 꿈이 무엇인지조차 까맣게 잊고 산다.

20년 전에 나는 죽기 전에 꼭 하고 싶은 일을 기록했다. 인생의 목표를 글로 또렷이 써놓으면 다짐을 하게 되고 쉽게 잊지도 않을 거라 생각했다. 그러나 이것은 오래전에도 했던 일이었다. 강제적이라는 느낌이 들면 자꾸 꺼려지게 마련이다. 나는 방법을 달리하기로 마음먹었다. 하기 싫고 해서는 안 되는 일을 하나씩 적어 나갔다. 그러다 보니 내가 꼭 해야 할 일이 더 뚜렷하게 보였다.

가치 있는 삶을 살려면 가장 하고 싶은 일, 즐겁게 할 수 있는 일을 찾는 것이 무엇보다 중요하다. 점수에 맞춰 대학교와 학과를 선택하고 졸업 후에 자신의 적성에 맞지 않는 적당한 직업을 찾아 일하는 것은 참으로 어리석고 무모한 일이다. 자신이 진짜로 원하는 일을 하지 않으면 성공할 수도 없을 뿐더러 행복하지도 않다.

"어제는 하나의 꿈에 지나지 않으며 내일은 하나의 환상일 뿐이다. 그러나 최선을 다한 오늘은 어제를 행복의 꿈으로 만들며 모든 내일을 희망의 비전으로 바꾸어 놓는다." 유한양행을 창업한 유일한 박사는 늘 이 말을 마음에 품고 살았다. 자신의 목숨을 바쳐도 아깝지 않을 위대한 비전이 있어야 한다.

잊고 있었던 꿈의 조각들을 다시 짜 맞추는 일을 해보라. 꿈의 목록은 앞뒤가 맞지 않아도 상관없고, 비웃음을 살 만큼 실현 불가능한 것이어도 괜찮다. 각자의 마음에 굳게 잠겨 있던 그 비전 리스트를 모조리 꺼내놓기만 하면 된다.

먼저 작은 수첩을 하나 준비하라. 이 수첩은 평생 지녀야 할 것이니 튼튼한 것이 좋겠다. 내가 무엇을 좋아하고 무엇을 싫어하는지 지금 당장 수첩에 적어보라. 깊이 생각하지 말고 떠오르는 대로 적으면 된다. 당신은 의외의 결과에 깜짝 놀랄 것이다.

9장

인간관계가 모든 것을 결정한다

오늘날 사회에서 가장 필요한 사람은 남들과 조화롭게 사는 사람이다. 인간관계는 살아가는 데 있어서 가장 중요한 과학이다.
-스탠리 엘린

비전의 80퍼센트는 대인관계에 달려 있다

좋은 사람을 만나는 것은 신이 주신 축복이다. 그 사람과의 관계를 지속시키지 않으면 축복을 저버리는 것과 같다.
–데이비드 패커드

한자의 사람 인(人)자를 보면 두 사람이 등을 기대고 서 있는 모습이 연상된다. 혼자서는 설 수 없고 사람 사이에 어우러져야 온전해지는 인간의 모습이 잘 담겨 있어 볼 때마다 감탄을 하곤 한다. 이처럼 우리는 누군가에게 기대고 누군가를 지탱해주며 수많은 관계 속에서 살아가고 있다.

어느 연구소에서 성인들을 대상으로 '지금 주요 관심사가 무엇인가?'를 설문 조사했는데, 그 결과 첫 번째 관심사는 건강이었고 두 번째가 인간관계였다.

사람은 일생 동안 몇 명의 사람과 인간관계를 맺고 살아갈까? 사회학자 솔라 풀의 연구에 의하면, 인간이 평생에 걸쳐 알고 지내는 사람이 무려 3천 5백 명 정도라고 한다. 이들 중에서 어떤 사람들을 만나고 그들과 어떤 형태의 관계를 맺느냐에 따라 대략의 미래가 결정된다고 하니 인간관계는 인생에서 매우 중요한 요소임을 부정할 수 없다.

인간관계의 권위자인 데일 카네기는 성공의 80퍼센트가 대인관계에 달려 있다고 했다. 성공한 사람들 뒤에는 그들과 좋은 인간관계를 맺고 있는 협조자들이 있다. 그들은 직장 동료, 선후배, 스승과 제자, 가족, 이웃 등의 이름으로 관계를 맺고 서로를 돕는다.

모 경제연구소에서는 한국의 최고경영자 527명에게 '최고경영자가 되는 과정에서 가장 결정적인 지능이 무엇이었는가?'라는 설문 조사를 했다. 사람들과 관계를 맺는 능력인 '대인지능', 자신을 컨트롤할 수 있는 능력인 '자성지능', 대화를 하는 능력인 '언어지능' 중 1위로 꼽힌 것은 '대인지능'이었다. 사람으로부터 받는 칭찬과 질책, 주고받는 사랑의 표현과 감정은 관계의 질을 좌우한다. '대인지능'이 탁월한 사람은 이러한 과정을 잘 관리하고 좋은 방향으로 이끄는 반면, 그것이 부족한 사람은 다른 사람들에게 상처를 주거나 관계를 어렵게 만들거나 등을 돌리게 만든다.

만약 당신이 비전을 가진 사람이라도 좋은 인간관계를 유지하지 못한다면 그 비전에 동참하거나 협력하는 사람이 적을 것이다. 좋은 인간관계는 당신의 비전을 이루는데 힘이 된다. 역사적으로 위대한 일을 했던 사람들은 좋은 인간관계를 맺고 있었다는 공통점을 가지고 있다.

좋은 평판과 좋은 인간관계는 비전의 밑거름이 된다. 비전의 사람이 되기 위해서는 좋은 인간관계를 만들어가기 위해서 노력해야 한다.

성공한 사람들이 관계를 맺는 비결

자신만 생각하는 사람, 모든 것을 자기 이익을 위해 사용하는 사람은 결코 행복해질 수 없다. 다른 이들을 위해 사는 것이 곧 자신을 위해 사는 것이다.
–세네카

미국의 카네기 공과대학 인간연구소에서 실패자 1만 명을 조사한 적이 있다. 실패의 원인을 분석한 결과, 전문지식이 부족해서 실패한 사람은 7퍼센트에 불과했다. 실패자의 93퍼센트는 인간관계에서 실패했다.

사람들은 다른 사람으로부터 인정받고 대접받고 싶은 갈망이 있다. 이 욕구가 충족되지 않으면 사람은 언제든지 떠나게 되어 있다. 그리고 자신을 인정해주고 대접해주는 곳을 찾아가게 된다. 사람이 나를 무조건 이해하고 공감해주기를 바라면 안 된다. 그렇게 될 수도 없다. 먼저 당신이 본을 보여주어야 한다.

인간관계가 좋은 사람들의 공통점은 무엇일까? 일반적으로 인간관계가 좋은 사람은 예절이 바르고, 상대의 이야기를 잘 들어주고, 상대를 배려하고, 칭찬을 잘하고, 유머감각이 있는 사람이라고 한다. 좋은 인간관계를 만들려면 어떻게 해야 하는지 한번 깊이 생각해보자. 비전을 이루는 사람이 되고 싶다면 성공한 사람들이 인간관계를 맺는 비결을 분석하고 그것을 실천하도록 노력해야 한다. 좋은 인간관계는 실천과 노력의 결과물이다.

칭찬을 싫어하는 사람은 아무도 없다

칭찬은 좋은 인간관계를 맺을 때 없어서는 안 될 요소이다. 칭찬을 싫어하는 사람은 이 세상에 아무도 없다. 누구나 칭찬을 받고 싶어 한다. 윌리엄 제임스가 "인간 본성에서 가장 기본적인 원리는 인정받고자 하는 갈망이다"라고 했듯이 사람은 모두 다른 사람들로부터 인정받기를 원한다. 즉 칭찬을 원하는 것이다.

팝스타 마돈나는 어릴 적에 그다지 예쁘지 않은 외모로 고민했다. 그러던 어느 날 무용 선생인 크리스토퍼 플린이 "너는 고대 로마의 신상처럼 아름답구나"라고 칭찬해 주었다. 그 한마디에 힘입어 자신감을 회복한 마돈나는 세계 최고의 팝가수가 될 수 있었다. 칭찬은 고래뿐만 아니라 사람도 춤추게 한다.

자신은 받고 싶어 하면서도 다른 사람에게 인색한 것이 바로 칭찬이다. 우리는 다른 사람을 칭찬하는데 조금 더 익숙해질 필요가 있다. 솔직하고 진지하게 칭찬하는 법을 익혀 다른 사람의 좋은 점을 칭찬해보라. 당신이 마음먹기만 하면 칭찬할 거리는 금방 찾아낼 수 있을 것이다. 랄프 왈도 에머슨의 말을 기억하라. "모든 사람은 나보다 나은 점을 갖고 있다. 그런 의미에서 나는 모든 사람에게서 배울 수 있다."

비난, 비판, 험담을 하지 않는다

다른 사람을 비난하고 비판하고 험담을 할 때 발생하는 가장 큰 문제는 부정적인 생각이 자신의 마음에 가득 찬다는 것이다. 다른 사람을 비난하고 비판하고 험담하고 나서 기분이 좋아지기보다는 나빠지는 경우가 많은 것은 이 때문이다.

에이브러햄 링컨이 가장 좋아하는 성경 구절 중 하나는 "남의 비판을 받고 싶지 않으면 남을 비판하지 말라"는 것이다. 그는 다른 사람으로부터 비난과 공격을 받으면 산책을 하면서 자신의 마음과 감정을 다스렸다고 한다.

남을 비난하거나 비판하는 것은 상대방의 가슴에 깊은 상처를 주는 행위이다. 그러므로 남을 비난하거나 비판하기보다는 상대방을 이해하고 칭찬을 하는 노력이 필요하다.

비난과 비판은 누워서 자신에게 침을 뱉는 것과 같다. 우리는 다른 사람을 비난하거나 비판하기 전에 그 사람 입장에서 이해하려고 노력해야 한다. 만약 비난이나 비판을 참기 어려운 순간이 있다면 "함부로 내뱉은 말은 상대방의 가슴속에 수십 년 동안 화살처럼 꽂혀 있다"는 롱펠로의 말을 기억하자. 당신의 곁으로 오는 순간 화살을 맞게 된다면 누구도 당신의 곁에 가까이 오지 않을 것이다.

잘 웃는 사람이 되라

웃음은 사람들에게 행복과 기쁨을 준다. 웃음은 나에게도 행복과 기쁨을 주지만 다른 사람들도 행복하게 만드는 힘이 있다. 심리학자 윌리엄 제임스는 "웃고 있는 입에 비관 없고, 무겁게 다물고 있는 입에 낙관 없다"라고 말했다. 웃음은 사람의 인생을 바꾸어 놓는다. 항상 웃는 사람은 웃는 인생을 살고, 항상 인상을 쓰는 사람은 인상을 써야 겨우 살아가는 인생을 산다.

웃음은 좋은 인상을 준다. 또 웃음은 인간이 표현할 수 있는 가장 아름다운 예술이다. 사람들은 잘 웃는 사람을 좋아한다. 사람들은 웃음을 주는 사람을 좋아한다. 우리는 많이 웃고 많이 웃기는 사람이 되어야 한다.

웃음에 관한 연구로 유명한 스탠퍼드 의과대학교 윌리엄 프라이 교수는 여섯 살 어린이는 하루에 평균 3백 번 정도를 웃고 성인은 하루 평균 15번 정도를 웃는다고 했다. 나이를 먹을수록 의식적으로 웃음의 횟수를 늘리는 노력이 필요하다. 한 번 웃을 때 231개의 근육이 움직여서 건강에도 좋다고 하니 웃어서 손해날 일은 없다.

상대방을 존중하라

《성경》에는 "남에게 대접받고자 하는 대로 남을 대접하라"(마태복음

7장 12절)는 말씀이 있다. 대접받고 싶으면 먼저 남을 대접하라는 예수님의 가르침이다. 상대방을 존중하는 것은 메아리와 같다. 내가 먼저 상대방을 존중하는 마음과 자세를 보이면 상대방도 존중하는 마음과 자세로 대할 것이다. 상대방이 먼저 존중해주기를 기다려서는 안 된다. 내가 먼저 존중해주는 것이 중요하다.

존경은 돈으로 살 수 없고, 돈이 있다고 존경을 받는 것도 아니다. 중요한 것은 상대로부터 존경을 받아 나의 인격이 올라가는 것이 아니라 상대방을 존경하는 그 순간부터 나의 인격도 존중받는다는 것이다. 상대방을 존경하는 마음을 가슴에 품고 겸손한 말로 먼저 상대방에게 베풀면 인격과 존경이 함께 쌓일 것이다. 상대방에 대한 존경은 곧 자신에 대한 존중으로부터 시작된다. 즉 상대방을 존경하는 것은 자신을 존중하는 것과 같다.

훌륭한 사람들과 교류하라

인간은 저마다 신의 아들이므로 모든 인간이 중요하다는 사실을 잊지 않는다면 자연스럽게 좋은 대인관계를 유지할 수 있을 것이다.
–헨리 카이저

매일 일상생활에서 마주치는 사람 하나하나가 얼마나 큰 영향력을 가지고 있는지 깨닫고 사는 사람은 매우 드물 것이다. 누구와 어울리느냐에 따라 어떤 사람이 되느냐가 결정된다.

하버드 대학 교수가 사회적으로 크게 성공한 사람들의 성격과 기질을 연구했는데, 한 개인이 교류하는 '준거집단'이 장래의 성공이나 실패를 결정짓는 중요한 요소임을 발견했다. 다시 말해 인간관계가 풍부한 사람들과 사귀면 당신의 인간관계도 풍부해진다. 성공한 사람들과 사귀면 당신도 성공할 가능성이 높아진다.

성공한 사업가들을 만나보면 그분들이 질적, 양적으로 대단한 인맥을 갖고 있어서 놀라게 된다. 그리고 인맥 관리에 매우 철저함을 알게 된다. '아, 바로 이것 때문에 이분이 이 자리까지 올라올 수 있었구나!' 하고 감탄할 때가 있다. 그들이야말로 인맥을 금맥으로 여기는 사람들이다.

나는 사람들과 어울리는 것을 좋아한다. 최근에 나는 지인에게 만난 지 얼마 되지 않은 어떤 사람을 이렇게 소개했다. "시간을 내서 그분을 만나시면 도움이 되실 겁니다. 그분은 정말 훌륭한 사람입니다."

그러자 지인은 이렇게 물었다. "어떻게 그가 훌륭한 사람이라고 확신합니까?"

나는 이렇게 대답했다. "그분이 만나는 사람들을 보면 알지요. 훌륭한 사람은 부정적인 생각을 가진 사람들을 만나지 않거든요."

내가 만났던 성공한 사람들은 마음을 여는 데 인색하지 않았다. 비록 상대가 자신보다 나이가 어리고 경력이 짧을지라도 상대를 존중하며 자신의 길을 갈 수 있도록 조언 한마디라도 더 해주고 싶어 하는 사람이 대부분이었다. 그들은 '사람만큼 소중한 재산은 없다'는 사실을 직접 경험한 사람들이다. 성공한 사람들은 결코 자신을 고립시키지 않는다. 큰일을 했거나 꿈을 실현한 사람들은 모두 사람들의 협력을 통하여 자신의 분야에서 꿈과 비전을 실현했다.

어떤 사람도 혼자만의 힘으로 성공하고 비전을 이룰 수는 없다. 훌륭한 사람들과의 교류가 얼마나 큰 에너지를 만들어 내는지 마음 깊이 새겨 두기 바란다. 좋은 사람들과 친분을 나누는 과정에서 우리는 서로의 인격이나 사고력, 습관 등에 많은 영향을 주고받는다. 배울 점이 많은 사람과의 사귐을 통해 그들의 지성이나 경험이나 정신력 등을 흡수해보라.

멘토를 찾아 질문하라

인생에서 중요한 것은 좋은 스승, 좋은 친구, 좋은 사람을 많이 가지는 일이다.
-다케우치 히토시

"내가 남들보다 더 넓은 시야를 갖고 더 멀리 볼 수 있었던 것은 거인의 어깨 위에 올라서 있었기 때문이다." 이것은 만유인력의 법칙을 확립한 아이작 뉴턴의 말이다. 여기서 거인은 자신보다 먼저 이 세상을 살면서 위대한 업적을 남긴 사람들을 뜻하는 것이다. 이런 사람들은 훌륭한 조언자이자 멘토(Mentor)를 의미한다. 멘토는 '신뢰를 얻은 선생'이라는 뜻이다. 여기서의 신뢰는 덕성이나 실력에 대한 신뢰를 포함한다. 특히 젊은 시절에는 훌륭한 사람들과 얼마나 많이 교류하느냐에 따라 그 사람의 그릇 크기가 달라진다.

'워너비(Wannabe)'란 말이 있다. 이 말은 '무언가가 되고 싶다'는 영어 'want to be'를 연음으로 발음한 것이다. 내가 닮고 싶은 워너비, 즉

멘토를 만나면 그 삶을 훨씬 쉽게 따라 할 수 있다. 내가 원하는 삶, 내가 닮고 싶은 분을 정해서 멘토가 되어 줄 것을 정중하게 요청하고 꾸준히 교류를 하며 배워간다면 자신이 세운 비전도 훨씬 앞당길 수 있다. 멘토가 있다는 것은 인생에 내비게이션을 갖고 있는 것과 같다.

천재 과학자 아인슈타인의 멘토는 뉴턴과 맥스웰, 패러데이였다고 한다. 아인슈타인은 세 사람의 초상화를 방에 걸어놓고 수시로 대화를 나누었다. 그는 해결되지 않는 어려운 문제가 생기면 이렇게 질문했다. "이 상황에서 당신이라면 어떻게 하겠습니까? 이 문제를 어떻게 풀겠습니까? 어떤 방법으로 연구를 진행시키겠습니까?" 상상 속의 세 사람은 아인슈타인에게 그에 맞는 해답을 주었다. 그래서 그는 이사를 갈 때면 세 사람의 초상화부터 챙기곤 했다.

나의 멘토가 되어 줄 사람이 덕망이 있고 경험이 풍부하고 인맥도 넓은 사람이라면 금상첨화이다. 멘토는 코치와는 다르다. 기술적인 면을 지도해주는 사람이 코치라면 멘토는 거기에 존경스러움이 더해져야 한다.

또한 멘토는 커뮤니케이션이 가능한 동시대 사람이라면 더욱 좋다. 멘토는 멘티에게 항상 리드(Lead), 헬프(Help), 체크(Check)해줘야 하기 때문이다. 게다가 커뮤니케이션을 자주 할 수 있다면 더없이 좋을 것이다. 직접 조언을 받을 수 있고 실천하는 모습을 보여줄 수 있다면 최고의 멘토링을 기대할 수 있다.

10장

비전과 건강관리

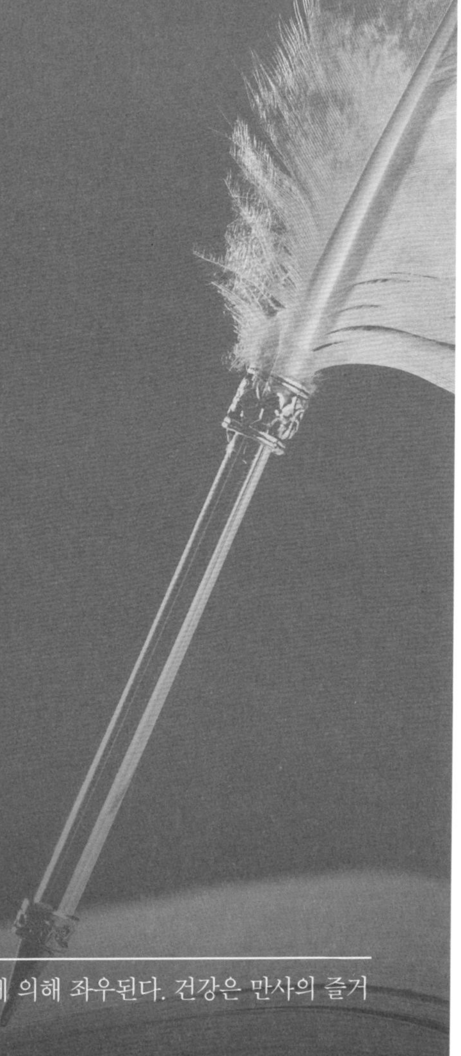

인간이 갖는 행복의 대부분은 건강에 의해 좌우된다. 건강은 만사의 즐거움과 기쁨의 원천이다.

-쇼펜하우어

건강관리 십계명

건강은 행복의 어머니이다.
–프란시스 톰슨

건강해야 행복하다. 건강해야 비전을 이룰 수 있다. 비전을 이루는 사람이 되고 싶다면 건강관리에도 신경을 써야 한다.

건강은 소중한 재산이다. 《채근담》에는 이런 말이 나온다. "재산을 잃으면 적게 잃은 것이고, 명예를 잃으면 많이 잃은 것이고, 건강을 잃으면 전부를 잃은 것이다." 이 말은 건강의 소중함을 일깨우는데 자주 사용된다. 건강을 잃으면 아무것도 할 수 없다. 재산을 누릴 수도 없고 지킬 수도 없다. 비전을 이루기 위해서 여러 가지 자기관리를 잘 했더라도 건강을 잃어버리면 아무런 소용이 없게 된다.

요즘은 "99, 88, 2, 3, 4 하세요"라는 말이 유행이다. 99세까지 88(팔팔)하게 살다가 이틀만 앓고 사흘째 죽으라는 뜻이다. 의료 기술의 발달로 평균 수명이 늘어난 요즘 세태를 잘 반영한 말이다. 인간은 누구나 한 번은 죽게 되어 있다. 건강하게 살다가 죽는 것이 모두의 바람일 것이다. 어떻게 하면 이와 같이 할 수 있을까? 자신의 건강을 스스로 체크하는 습관이 필요하다.

당신은 건강한가? 다행스럽게도 건강하다면 현재의 건강을 유지하기 위해서 어떻게 할 것인지 점검해볼 필요가 있다.

스트레스를 관리하라

우리는 모두 스트레스로부터 자유롭지 않다. 우리는 사랑하는 가족이나 연인의 죽음, 심각한 질병, 폭력과 범죄의 두려움, 자연재해, 실직 등으로부터 스트레스를 받는다. 스트레스는 흔히 체험하는 것이어서 간과하기 쉬운데 어떤 질병보다 무시무시한 해를 끼치므로 경계해야 한다. 건강하게 살기 위해서는 스트레스로부터 해방되는 법을 알아 일상 속에서 관리할 수 있어야 한다.

캘리포니아 주립대학교 심리학과 로버트 에몬스 교수는 감사하는 마음이 정신건강 및 신체건강을 증진시킬 수 있다는 사실을 실험으로 증명했다. 그는 사람들에게 매일 고마운 일 다섯 가지씩을 쓰게 했다. 그리고 그렇지 않은 사람들과 비교했다. 예상대로 감사일기를 썼던 사람들은 그렇지 않은 사람들에 비해 건강상태가 현저하게 좋았다. 스트레스는 적게 받고 행복감은 훨씬 더 많이 느꼈다. 감사하는 마음을 가지면 스트레스는 줄어들 것이다.

건강에 해로운 것들을 끊어라

우리 몸에 해로운 것은 너무나 많다. 특히 담배는 건강에 해롭다. 담배를 피우는 사람은 담배를 피우지 않는 사람보다 수명이 세 배가량 단축된다고 한다. 담배는 중독성이 강하고 냄새가 독하여 다른 사람에게도 피해를 준다. 담배는 흡연자와 비흡연자 모두에게 해악이다. 약 1만 개의 발암물질로 구성된 담배는 암 발생요인 중 1위를 차지하고 있다. 전체 암환자 중 담배로 인해 암에 걸리게 된 사람이 약 30퍼센트에 이른다고 한다. 암 전문가는 "담배는 유전자를 때리는 망치"라고 표현한다. 건강관리의 첫 단계는 금연이다.

내가 아는 지인은 수없이 금연을 시도했다. 하지만 굳은 결심을 해도 어느새 입에 또다시 담배가 물려 있었다. 그는 "나는 결단력이 부족한가봐. 담배를 끊는 것이 너무 힘들어"라고 말했다. 나는 그에게 말하는 방식을 이렇게 바꿔보라고 했다. "담배는 맛이 없어. 니코틴 냄새가 참지 못할 만큼 역겨워." 그는 담배를 피우고 싶을 때는 이렇게 말하기 시작했다. 이렇게 계속 말을 하자 담배가 지독하게 맛이 없어졌다고 한다. 그는 지금 니코틴 중독에서 완전히 풀렸다. 나는 그가 담배를 끊은 것은 생각과 말의 힘이라고 장담한다.

규칙적인 운동을 하라

매일 하는 규칙적인 운동은 보약보다 낫다. 꾸준하게 운동하는 사람이 운동하지 않는 사람보다 일의 능률이 높다. 운동을 하면 신체적으로 건강하게 되고 일하는데 필요한 집중력이 향상된다. 어떤 운동이든 좋다. 무리하지 않는 범위 내에서 매일 꾸준히 30분 이상 해보라.

자신만의 건강관리법을 만들어라

공해, 스트레스, 유전자 변이 식품 등 건강을 위협하는 요소가 늘어감에 따라 갖가지 다양한 건강관리법이 쏟아져 나오고 있다. 몸에 좋다는 음식도 너무나 많고 건강 보조제도 넘쳐난다. 건강에 관심이 있는 사람이라면 누구나 솔깃할 만한 제안에 좌우되지 말고 자신만의 건강관리법을 정해 꾸준히 실천하는 것이 필요하다. 돈이 많이 들지 않고 지루하지 않아서 매일매일 할 수 있는 것이면 무엇이든 좋다. 자신의 시간, 장소, 형편에 가장 적합한 것 한두 개를 선택해 자신에게 알맞은 건강법을 만들고 지켜나가야 한다.

식습관을 점검하라

건강하게 살려면 무엇을 먹는가도 중요하지만 어떻게 먹는가도 중요하다. 잘못된 식습관이 건강에 나쁜 영향을 준다는 사실을 알면서도 우리는 패스트푸드, 과자, 탄산음료 등을 여전히 즐기고 있다. 최근 모 일간지에서 백 살 이상 장수하는 사람들이 먹는 음식을 조사한 결과물을 읽었다. 이들은 튀긴 음식보다는 삶은 음식을 많이 먹었고, 밥을 선호했으며, 데친 채소로 된 나물을 섭취했다. 매끼마다 김치, 된장, 간장, 고추장 등과 같은 발효식품을 먹었다. 건강관리는 바른 식생활에서부터 시작된다. 40세 이후 암 발생률이 높은데 그중에서 40퍼센트는 나쁜 음식을 먹었기 때문이라고 한다.

건강을 유지하기 위해서는 먹는 양을 조절하는 것도 중요하다. 벤저민 프랭클린은 "배부르게 먹지 말고 취하도록 마시지 말라"고 했다. 예전에는 못 먹어서 문제가 일어났는데 요즘은 많이 먹어서 문제가 발생한다. 지나친 절식도 과도한 섭취도 좋지 않다. 신선하고 좋은 음식을 잘 먹고 적당하게 섭취하는 것이 건강관리법 중 하나이다.

자주 웃어라

웃음과 기쁨은 병의 근원인 근심을 제거하는 강력한 치료약이다. 웃을 때는 NK세포가 활발하게 살아 움직여서 암세포, 바이러스 등을 죽인다고 한다. 패티우텐은 "당신이 웃고 있는 한 위궤양은 악화되지 않는다"고 했다. 웃음은 생명을 연장하게도 한다. 15초씩 자주 웃으면 생명을 2일 정도 연장한다고 한다. 이것은 웃을 때 엔도르핀이 나와서 건강한 세포들의 활동이 왕성하게 되기 때문이다.

웃음은 병을 치유할 수 있는 힘을 갖고 있을 뿐만 아니라 인생을 행복하게 해주는 힘도 발휘한다. 윌리엄 제임스의 말처럼 "우리는 행복하기 때문에 웃는 것이 아니고 웃기 때문에 행복하다."

나는 자주 웃는 편이다. 웃을 일이 있어서 웃는 것이 아니라 그냥 웃으면 웃을 일이 생긴다. 나는 나이에 비해 동안이라는 말을 자주 듣는데 그것은 잘 웃기 때문이라고 생각한다. 웃을 때마다 젊어지고 화낼 때마다 늙는다는 말이 있는데 억지로라도 웃으면 젊게 살 수 있다.

긍정적으로 생각하라

긍정적인 감정을 유지하면 행복해진다. 행복한 사람의 생각은 늘 긍정적이다. 반대로 불행한 사람의 생각은 부정적이다. 긍정적인 감정은 조금씩 상승 효과가 나타나서 더 행복한 사람으로 살아가도록 변화를 준다. 긍정적인 감정의 결여가 우울증의 주된 요인이 된다. 긍정적인 생각이 긍정적인 인생을 만든다. 생각이 바뀌면 인생이 바뀐다.

적당한 휴식을 가져라

벤저민 프랭클린은 "일찍 자고 일찍 일어나는 것은 건강, 부(富), 지혜를 낳는다"라고 했다. 잠을 너무 많이 자는 것도 좋지 않지만 지나치게 잠을 안 자는 것도 좋은 습관이 아니다. 잠도 생활의 일부이다. 잠자는 시간을 줄여서 일하거나 공부하는 것은 건강에 해롭다. 잠이 부족하면 기분, 수명과 건강, 활동력이 약해진다. 적당한 잠과 휴식은 건강관리에 있어 최소한의 요건이다.

종교를 가지고 봉사활동을 하라

소냐 류보머스키는 종교생활은 건강과 연관성이 있다고 했다. 그는 이렇게 말했다. "대체로 종교적인 삶을 사는 사람들이 비종교적인 사람들에 비해 상대적으로 더 건강하며 각종 질병을 앓더라도 더 오래 산다." 한 달에 한 번 정도 종교 활동을 하는 사람 중 28퍼센트만이 "매우 행복하다"라고 대답한데 반해 매 주일마다 종교 활동을 하는 사람은 47퍼센트가 "매우 행복하다"고 대답했다. 신이 인간을 사랑하며 인간에게 반응하는 존재라고 인식하는 사람들은 그렇지 않은 사람들보다 더 행복하다.

또한 미국의 한 심리학 연구팀은 남을 돕고 봉사활동을 하는 사람들은 그렇지 않은 사람들에 비해 오래 산다는 사실을 밝혀냈다. 남을 돕고 봉사하는 삶을 살면 건강하게 오래 살 수 있다.

건강관리에 돈을 투자하라

나이가 들면 건강은 건강할 때 챙겨야 한다는 말을 실감한다. 건강을 잃으면 인생을 잃은 것과 같다. 아무리 위대한 비전을 이루었다 해도 건강을 잃어버리면 그 시점에서 모든 것이 끝난다. 건강을 잃으면 비전 너머 비전을 이룰 수 없다. 비거스탑은 "병든 제왕보다는 건강한 구두수선공이 더 훌륭한 사람이다"라고 했다.

꿈을 잃으면 늙는다

늙는다는 것은 더 이상 느낄 수 없는 상태, 즉 감정의 노화이다.
–와다 히데키

몸과 마음이 늙으면 "귀찮아", "하기 싫어"라는 말이 입버릇처럼 튀어나온다. "이 나이에 무슨……" 하면서 자신의 한계를 인정하는 말도 자주 하게 된다. 이런 식으로 삶에 대한 의욕을 잃어가고 스스로 노화를 인정하고 기회를 포기해 버린다.

혹시 새로운 일을 귀찮아하고 힘든 일을 하고 싶지 않다면 점점 노인이 되어 가고 있다는 증거다. 우리는 나이가 들어 늙는 게 아니라 꿈을 잃어버리면 늙는다.

더글러스 맥아더는 이렇게 말했다. "사람은 나이를 먹는다고 늙는 것이 아니다. 이상을 저버리기 때문에 늙는 것이다. 세월과 더불어 피부에 주름이 가겠지만 세상일에 흥미를 잃지 않는다면 마음에 주름은 가지 않을 것이다."

우리는 단지 나이를 먹는다고 늙는 것이 아니다. 우리의 인생은 마음가짐에 따라 얼마든지 달라질 수 있다. 약관의 나이에도 비관에 빠지면 이미 늙은 것이다. 나이가 여든이라도 삶에서 희망을 본다면 여전히 젊은 것이다.

꿈이 있는 사람은 늙지 않는다. 그 꿈이 언제까지나 열정을 불러일으키기 때문이다. 그래서 나이에 비해 훨씬 젊게 보이는 것이다. 하지만 꿈이 없는 사람은 같은 나이의 사람에 비해 더욱 나이 들어 보이게 마련이다. 왜냐하면 이런 사람은 긴장감과 열정이 없어 항상 느슨한 생활을 하기 때문이다.

꿈은 사람을 더욱 젊게 만드는 신비한 힘을 가지고 있다. 꿈을 꾸는 사람은 언제까지나 몸과 마음에서 젊음을 유지할 수 있다.

꿈이 현실로 변하는 것은 '긍정적인 생각과 태도'에서 시작된다. 여기에 믿음과 의지가 더해졌을 때 꿈은 현실로 바뀐다. 긍정적으로 생각한다는 것은 꿈을 이룰 수 있다는 자신감을 갖는 것이다. 문제가 생기거나 안 될 상황에 처해도 그것을 극복하겠다는 의지를 갖는 것이 바로 긍정적인 생각이다.

적극성과 긍정성이 언뜻 생각하기에는 비슷한 것 같지만, 이 둘은 조금 다른 면을 갖고 있다. 적극적인 사람들은 긍정적인 사고를 하는 경우가 대부분이지만 긍정적이라고 해서 누구나 적극적인 것은 아니다. 즉 적극성은 긍정성을 내포한 행동이며 한 단계 더 나아간 것이라

할 수 있다. 아무리 긍정적인 생각을 해도 적극적으로 그 생각을 실천하지 않으면 긍정의 힘은 발휘되지 못한다.

긍정적인 사람도 처음부터 모든 것을 긍정적으로 생각하는 것이 쉽지는 않았을 것이다. 느닷없이 찾아온 어두운 현실에 겁먹고 놀라 도망가고 싶을 때도 있었을 것이고, 혼자서는 감당할 수 없는 큰 문제 앞에 어찌할 바를 몰라 울어도 봤을 것이다. 그런데 힘든 일들을 겪으면서 자신이 본 대로, 느낀 대로, 생각한 대로 된다는 것을 조금씩 깨달았던 것이다. 절망한다고 해서 얻어지는 것은 아무것도 없으며 절망은 또 다른 절망을 낳을 뿐이란 것을 알게 된 것이다.

지금 당신의 현실은 어떠한가? 사방이 온통 캄캄하게 막힌 것 같다면 가만히 눈을 감고 마음의 눈으로 보라. 분명 어둠 속에서도 밝은 부분이 있을 것이다. 그 길로 걸어가라.

11장

실패는 성공으로 가는 징검다리다

실패는 불명예가 아니다. 실패를 했다면 결과를 분석하여 그 원인을 알아내면 된다. 지혜롭게 실패하는 법을 배워야 한다. 실패야말로 세상에서 가장 아름다운 예술이다. 누구든 실패하면서 성공에 다가가기 때문이다.
-찰스 캐터링

환경에 대한 해석이 중요하다

환경이 사람을 만드는 것이 아니라 환경에 대한 해석이 그 사람을 형성한다.
–앤서니 라빈스

나는 강의 첫 시간에 자기소개를 할 때 "나의 애칭은 잡초입니다. 그냥 잡초가 아니라 꿈꾸는 잡초입니다"라고 한다. 내가 이렇게 자기소개를 하면 학생들은 놀란 토끼 눈을 하고 나를 빤히 쳐다본다. 뜻밖의 얘기를 들었기 때문이다.

비전과 실패관리에 관해서 강의를 할 때면 나는 살아온 이야기를 짧게 해준다. 초등학교 때 재래시장 노점에서 장사하는 부모님을 도와 배달을 한 이야기, 내 키보다 훨씬 큰 짐자전거로 배달하다가 넘어져서 다친 이야기, 중고등 학교 때 방과 후에 교복도 갈아입지 못한 채 리어카로 수박 장사한 이야기 등을 진솔하게 말해준다.

잡초는 생존력이 매우 강해서 쉽게 죽지 않는다. 잡초는 어떤 환경에서든 뿌리를 내릴 수만 있으면 살아남는다. 하지만 잡초와 같은 근성만으로 지금의 내가 만들어진 것은 아니다. 지금의 나는 비전의 산물이다. 나는 일반 잡초가 아니라 꿈을 꾸는 잡초였기 때문에 쉽게 포기하지 않고 고난과 어려움이 오면 더 강해질 수 있었다. 나는 척박한 환경에서도 끝까지 꿈을 안고 생존하는 잡초처럼 이 세상을 살고 싶다.

그래서 나는 고등학교 교사로 일할 때 공부 못하고 말썽을 피우는 학생들에게 더 관심과 사랑을 주었다. 물론 교수가 된 지금도 마찬가지다. 나는 겉모습은 예의가 없어 보이고 거칠게 행동하지만 속마음이 착한 학생들을 보면 관심을 갖고 칭찬을 아끼지 않는다. 나는 그들이 있어서 행복한 교수다. 나는 그들 때문에 외롭지 않아서 늘 고맙게 생각한다. 그들은 나에게 즐거움과 기쁨을 선물한다. 그들은 나에게 존재하는 이유를 알게 해준다. 그들은 나에게 비전 너머의 비전을 알게 하고 해야 할 일거리를 준다. 나는 그들이 내 연구실에 부담 없이 와서 편하게 얘기하는 것을 좋아한다. 그래서 내 연구실에는 학생들이 좋아하는 먹을거리를 준비해둔다. 나는 부자다. 돈이 많은 부자가 아니라 사랑하는 제자들이 많은 부자다.

고통을 이겨낸 애벌레만이 아름다운 나비가 된다

부자 얘기가 나왔으니 한 가지 더 얘기해야겠다. 《네 안에 잠든 거인을 깨워라》를 쓴 변화심리학의 권위자 앤서니 라빈스는 가난한 사람들이 모여 사는 아파트에서 불우하게 지내는 소년이었다. 그는 겨우 고등학교를 졸업했고 자존감이 없어서 자신을 사랑하지 못했다. 사람들에게 인정받지 못하던 그는 열등감으로 하루하루를 보냈다. 어느 날 그는 자신의 처지가 너무 비참하고 서럽다는 생각에 치를 떨었다. 그리고 결심했다. "나의 모든 것을 바꿔야겠어. 아무도 내 인생을 대신 살아주지 않으니까." 이 결심이 그의 인생을 송두리째 바꿔놓았다. 그는 자신의 인생에서 무엇을 갖게 될 것이고, 앞으로 어떤 사람이 되겠다는 것을 꿈 수첩에 썼고 몇 년도 안 되어 그 꿈을 이루었다. 그는 수많은 대중 강연과 저술 활동을 하면서 성공적인 삶을 사는 유명 인사가 되었다.

앤서니 라빈스는 그의 저서 《무한능력》에서 다음과 같이 말하고 있다. "같은 사건을 가지고도 화면에 무엇을 올리느냐에 따라서 영화감독은 희극을 만들 수도 있고 비극을 만들 수도 있다. 당신은 마음의 화면을 가지고 이와 같은 것을 해낼 수 있다. 당신은 동일한 기술과 힘을 가지고 모든 신체 활동의 기반인 마음의 활동을 조절할 수 있다. 당신은 두뇌를 이용해 긍정적 사고의 빛과 소리를 높일 수도 있고 부정적 사고의 빛과 소리를 없애게 할 수도 있다."

당신의 손에는 두 가지 씨앗이 있다. 하나는 성공의 씨앗이고 다른 하나는 실패의 씨앗이다. 씨앗이 열매를 맺으려면 당신의 손을 사용해야 한다. 그런데 꿈을 이루지 못하는 사람은 손을 사용하지 않고 입을 사용하는 경우가 많다.

"내가 그 사람처럼 좋은 집안에서 태어났다면, 머리가 좋다면, 돈이 많다면, 능력이 있다면, 건강하다면, 나이가 조금만 젊다면 성공할 수 있었을 텐데."

이 얘기는 바꾸어 말하면 "내가 만약 꿈을 이룬 사람만큼의 능력을 가졌다면 하지 못할 일이 어디 있겠는가"라는 뜻이다. 이것은 변명이나 핑계에 지나지 않는다. 물론 부유한 가정에서 태어나 좋은 환경에서 교육을 받고 사회에 나가 순조롭게 출세하고 행복하게 일생을 마친다면 남부러울 것이 없을지도 모른다. 그러나 이 세상에 그런 사람이 몇이나 될까.

한 월간지가 부자들을 조사한 바에 의하면 단지 2퍼센트만이 유산 상속자들이고 나머지는 형편이 어려운 가운데 자수성가한 사람들이었다. 어려운 환경에서도 희망을 잃지 않고 꿋꿋이 살면서 자신의 비전을 이룬 사람들은 모두 자신이 처한 환경을 긍정적으로 해석하고 변화하기 위해 도전했다. 이런 사람들의 예는 무수히 많다. 예를 들어보자. 벤저민 프랭클린, 헨리 포드는 정규 교육을 받지 못했다. 코코 샤넬은 피에르 가르뎅과 마찬가지로 패션계의 거장으로 군림하기 전에는 가난에 시달렸다. IBM의 설립자인 토머스 왓슨은 단벌옷밖에 없었다. 그래서 세탁소에서 세탁하는 동안 문밖에서 내복 차림으로 기다린 적도 있었다. 마돈나는 세계적으로 유명한 팝스타로 떠오르기 전에 먹을 것을 구하기 위해 돈을 빌리러 다니던 무명 시절이 있었다.

만일 주어진 삶이 힘에 겨워 열정마저 사그라지고 있다면 불운한 삶을 이겨낸 토크쇼의 여왕 오프라 윈프리가 그러했듯이 자신에게 물어보라.

"너는 운명의 희생자가 되려고 하니, 아니면 너의 인생을 스스로 책임지려고 하니?"

실패에서 성공으로 나아가는 방법

실패는 내가 진정 누구인가를 알 수 있는 가장 큰 기회이다.
–존 킬링어

성공은 인생의 최종 목적이 아니라 인생의 과정 중 하나이다. 성공을 이루었다고 해서 더 이상 할 일이 없고 하고 싶은 일도 없어지는 것이 아니다. 실패도 마찬가지다. 실패를 했다고 해서 인생이 끝나는 것이 아니다.

아인슈타인이 독일을 떠나 미국 프린스턴 대학교 연구실로 들어갔을 때의 일이다. 학교 측에서 그에게 필요한 비품이 무엇인지 물었다. 아인슈타인은 간단한 몇 가지만을 요구했다. "책상 한 개, 의자 한 개, 연필 몇 자루, 종이, 그리고 모든 실수들을 담을 대형 휴지통이 필요합니다."

아인슈타인도 우리와 마찬가지로 실패를 피할 수 없었다. 그러나 그는 사람들이 실패를 만날까봐 먼 길을 돌고 두려워하는 것과는 달리 실패 앞에서도 당당했다. 그는 실패를 피하는 대신 받아들일 준비를 했다. 실패를 두려워하면 아무것도 할 수 없다.

성공한 사람과 실패한 사람의 차이는 실패의 크고 작음이나 실패한 횟수로 정해지는 것이 아니다. 실패를 딛고 일어섰는가, 아니면 넘어졌는가에 달려 있을 뿐이다. 실패한 사람들은 실패에서 아무것도 배우지 못하는 사람이고, 성공하는 사람은 실패를 성공으로 가는 징검다리라고 생각하는 사람이다. 실패를 통과하지 않고 성공한 사람은 이 세상에 아무도 없다.

도널드 R. 키오는 《실패하는 사람들의 10가지 습관》이란 책에서 성공을 원하는 비즈니스맨이라면 절대 하지 말아야 할 것들을 역설적으로 말했다.

첫째, 모험을 하지 마라.

둘째, 입장을 절대 바꾸지 마라.

셋째, 자기 자신을 격리시켜라.

넷째, 한 치의 오류도 없는 사람인 척하라.

다섯째, 법은 정도껏 지켜라.

여섯째, 생각할 시간을 갖지 마라.

일곱째, 전문가와 외부 컨설턴트를 무조건 믿어라.

여덟째, 관료주의를 사랑하라.

아홉째, 헷갈리는 메시지를 전달하라.

열째, 미래를 두려워하라.

열한째, 일에 대한 자신의 열정을 상실하라.

실패했다고 절망할 필요는 없다. 실패는 인생에서 당연히 발생하는 과정이고 가파르지만 넘을 수 있는 산이다. 그렇다면 실패를 극복하는 방법에 대해 알아보자.

실패해도 감사하라

실패했을 때 감사한다는 것은 말처럼 쉬운 일이 아니다. 그러나 실패를 통해서 유익을 찾고 그것을 인정하면 생각만큼 어려운 일도 아니다. 실패를 통해 얻은 유익을 생각해보면 성공의 발판을 마련할 수 있다.

실패는 나를 예전보다 더 강하게 만든다. 더 겸손하게 만든다. 더 성숙하게 만든다. 더 지혜롭게 만든다. 더 노력하게 만든다. 실패는 실수와 잘못을 반성하게 하고 수정하게 하며 단련시켜서 새로운 것을 창조하게 만든다. 우리는 실패의 과정을 통하여 다시 도전할 수 있는 용기와 성공할 수 있는 원리를 만들어낸다.

정말 안타까운 것은 실패가 겁이 나서 도전의 기회를 스스로 놓아버리는 것이다. 마지막까지 용기를 잃지 말아야 한다. 포기하지 않는 한 실패하지 않는다. 실패가 반복되더라도 용기로 극복하고 다시 도전하면 새로운 기회가 생긴다.

긍정적인 마음가짐을 가져라

"제 직업은 부상인 것 같아요." 언젠가 김연아 선수가 어느 인터뷰에서 한 말이다. 그녀는 일 년 중 3백 일을 훈련하고, 매일 빙판에서 점프 훈련을 30회 이상 했다고 한다. 일 년 동안 만 번 정도 점프를 한 셈이다. 그런데 점프의 성공률이 80퍼센트 가량 되므로 점프하다 넘어지거나 엉덩방아를 찧는 횟수는 일 년에 약 2천 번 정도 된다. 실제로 김연아 선수는 척추, 골반, 인대 부상으로 고통을 받았다. 그러나 그녀는 그것을 불평하거나 원망하지 않고 부상까지도 당연한 일로 인정하고 수용하는 의연한 모습을 보여주었다.

실패 관리에 있어서 긍정적인 마음가짐은 매우 중요하다. 성공은 재능의 문제라기보다는 마음가짐의 문제다.

실패를 두려워하지 마라

축구 선수 박지성은 초등학교 4학년 때 축구를 시작했다. 전국에서 여섯 명에게만 주는 차범근상을 수상하는 등 제법 주목받는 축구 꿈나무로 어린 시절을 보냈다. 그러나 좀처럼 자라지 않는 키와 평발이라는 불리한 조건 때문에 그를 불러주는 학교가 없었다. 아직 어린 나이에 축구를 포기하고 싶을 만큼 그의 상심은 컸다. 그런데 다행히 고등학교 감독의 노력으로 명지대에 간신히 합류했다. 특별한 재주가 없었던 박지성은 살아남기 위해서 한 박자 빠른 패스 기술을 개발했고, 약점과 단점을 보완하기 위해 끊임없이 연습하고 노력했다. 그의 노력은 축구화를 벗은 맨발을 보면 여실히 드러난다. 그런 노력 덕분에 그는 국가 대표가 되었고 2002년 월드컵의 빛나는 스타가 되었으며 세계 최고의 구단 중 하나인 맨체스터 유나이티드 FC에 당당히 입성했다. 그때 그는 이런 말을 했다.

"더 큰 도전이 없으면 더 큰 성공도 없다. 사람들은 내가 평발의 한계를 어떻게 극복했는지 궁금해 한다. 그러나 나는 내가 평발인지도, 그리고 평발이 운동에 불리한지조차 알지 못했다. 발이 간간이 아파왔지만 운동을 많이 하면 누구나 그런 거라고 당연히 여겼다. 늘 하듯이 그냥 열심히 연습했을 뿐이다."

실패의 가장 무서운 적은 두려움이다. 성공하는 사람은 실패라는 터널을 지나가는 동안에 용기와 인내, 노력, 훈련을 통하여 실패의 두려움으로부터 승리한다.

실패한 자신을 사랑하라

실수나 실패를 했을 때도 자신을 인정하고 존중해야 한다. 자책과 죄책감은 자기 안에 가장 큰 적이다. 모든 중요한 싸움은 우리 자신 안에서 벌어진다. 우리가 실패를 겪을 때 정말 싸워야 하는 대상은 실패가 아닌 자기 자신이다.

노벨문학상을 수상한 작가 사무엘 베케트는 수많은 실패를 경험했지만 두려워하지 않았던 사람이다. 그의 첫 소설은 출판사로부터 42번이나 거절당했다. 그러나 그는 거절당한 자신을 탓하지 않았고 자신의 재능을 몰라보는 출판사를 안타까워했을 뿐이다. 그는 "노력했는데도 실패했다면 물러서지 말고 다시 도전하라. 설령 또 실패하더라도 그것을 통해 강해지는 법이다"라는 말을 남겼다.

존 킬링어도 "실패는 내가 진정 누구인가를 알 수 있는 가장 큰 기회이다"라고 말했는데, 이처럼 실패는 나의 정체성을 확인하는 계기가 되기도 한다. 우리는 실패를 통하여 나의 장점과 단점을 알 수 있다. 실패한 자신을 다독이고 격려하자. 내가 나를 소중하게 여기지 않으면 다른 사람도 나를 소중하게 여기지 않는다.

성공을 준비하라

에이브러햄 링컨은 열 살 때 어머니를 여의고 스무 살 때 누이를 잃었다. 스물일곱 살 때 결혼을 약속했던 여인이 세상을 떠났고, 크고 작은 선거에서 일곱 번이나 떨어졌다. 사업에도 두 번 실패하여 그때 진 빚을 17년에 걸쳐 갚았다. 마흔두 살 때 다섯 살배기 둘째 아들 에드워드를 잃었고, 쉰세 살 때 열두 살이던 셋째 아들 윌리엄을 가슴에 묻었다.

링컨의 좌절과 실패, 아픔은 성공에 가려져 있을 뿐, 그의 인생은 그야말로 굴곡진 삶이었다. 그러나 그는 실패와 불행을 원망하지 않았다. 그는 실패와 불행을 딛고 일어나 미래를 준비했다. 실패 중에도 인내와 강한 신념으로 미래를 준비하여 인생을 역전시켰다. 그래서 그를 실패한 사람으로 기억하지 않는다.

멋진 인생, 명품 인생, 성공적인 인생은 하루아침에 이루어지는 것이 아니다. 수많은 실수와 실패가 쌓여서 만들어진 디딤돌과 도약대를 밟고 조금 더 나아가야만 이루어지는 것이다. 많은 좌절과 실패를 경험했다면 그만큼의 디딤돌과 도약대를 얻은 것이다. 당신은 곧 성공에 이르게 될 것이다. 실패는 성공의 가장 강력한 촉진제다. 걱정하는 대신 실패와 위기를 관리하는 능력을 키워라.

힘겨워도
비전을 포기하지 마라

적군의 진지를 뚫고 들어가는 것은 날카로운 총검이 아니라 그 총검을 휘두르는 사람의 날카로운 눈빛이다.
–조지 패튼

나는 학생들에게 역설적으로 말한다. "꿈은 가능하면 꾸지 말아야 한다." 학생들은 이 말을 듣고 교수가 오늘 뭘 잘못 먹었나 하는 표정을 짓는다. 내가 이렇게 말하는 이유는 일단 꿈을 꾸는 순간부터 험난한 여정이 시작되기 때문이다. 꿈을 이루기 위한 의지가 강렬하면 강렬할수록 넘어야 할 험준한 고비도 그만큼 많아진다.

세상은 꿈꾸는 사람들을 도와주고 격려하기보다는 조롱하고 사기를 꺾어놓기 일쑤다. 그럼에도 불구하고 신념과 확신을 가지고 기어이 자신의 꿈을 실현하는 사람들을 보면 우리는 경외감을 느끼곤 한다. 그들은 반신반의하고 있던 수많은 사람들에게 '나도 하면 된다'는 믿음과 용기를 심어주는 희망의 메신저 역할을 수행하기도 한다.

나는 1977년 11월 26일에 있었던 일을 생생하게 기억한다. 이날은 권투 선수 홍수환이 챔피언 헥토르 카라스키야를 때려눕히고 칠전팔기의 신화를 만들었던 날이다. 나는 지치고 힘들 때마다 끝까지 포기하지 않고 마지막 한방을 날리는 홍수환 선수를 떠올리곤 한다.

어쩌면 우리의 삶은 카운터펀치를 날릴 기회보다 카운터펀치를 맞고 휘청거리는 위기를 더 먼저, 더 자주 안겨줄지 모른다. 휘청거리면서 연이어 치고 들어오는 잽과 스트레이트를 맞다 보면 너무 고통스러워서 이대로 그냥 쓰러져서 일어나고 싶지 않은 자포자기 심정이 될 수도 있다. 그러나 카운터펀치를 맞고 쓰러져도 그것이 끝은 아니다. 카운트가 끝나기 전에는 아직 기회가 있다. 숨을 쉴 만한 힘이 남아 있다면 일어설 수 있고, 일어설 수 있다면 역전의 기회는 다시 잡을 수 있다.

무슨 일이든 끝까지 희망을 버리지 않고 기회를 살피면 헤쳐 나갈 수 있다. 끝까지 포기하지 않는다면 극복하지 못할 좌절은 없다. 꿈만 있다면 다시 일어서지 못할 이유가 없다.

포기하고 싶을 때 나는 오히려 더 강렬한 에너지를 뿜어낸다. 포기와 오기는 사촌간이다. 그러나 결과는 180도 다르다.

"좋아, 내가 겨우 이까짓 것 때문에 포기할 것 같아? 인간 한만오가 누군지 제대로 보여주고 말 테다!"

어떤 고통이나 실패도 내가 접수를 거부하면 더 이상 고통이나 실패가 될 수 없다.

내 안에는 스스로를 치유하는 힘이 있다

사람은 누구나 약점을 가지고 있다. 건강이 안 좋은 사람이 있고, 돈 없는 가난함이 약점일 수도 있다. 성품이 약점일 수 있고 학력이 약점일 수도 있다. 부끄러운 과거가 약점일 수 있고, 원만치 못한 대인관계가 약점일 수도 있다. 사람은 모두 치명적인 약점을 가지고 있다. 사람들은 약점이 인생을 가로막는 장애물이라고 생각한다. 약점 때문에 불행하다고 생각한다. 그러나 성공한 사람들은 오히려 약점을 기회로 삼은 사람들이다.

진주는 조개가 모래알 같은 자극물에 의해 상처가 생겼을 때 그에 대한 내부반응에 의하여 만들어지는 것이다. 상처 입은 조개가 그 상처를 아물게 하기 위해 노력하는 과정 속에서 영롱한 진주가 만들어진다. 상처가 아름다움을 낳는다. 상처의 고통을 견뎌내는 인내의 힘이 진주와 같은 아름다움을 만들어내는 것이다.

스스로 치유의 말을 해보라. "괜찮아. 내 탓이 아니야. 설사 내 탓이라고 해도 괜찮아. 그래도 나를 미워하지 않을 거야. 정말 괜찮아. 천만 번이라도 괜찮아."

참고 문헌

니시다 후미오(2008), 하연수 역, 된다 된다 나는 된다, 흐름출판

빅터 프랭클(2005), 이시형 역, 죽음의 수용소에서, 청아출판사

모치즈키 도시타카(2009), 은영미, 김재연 역, 당신의 소중한 꿈을 이루는 보물지도, 나라원

공병호(2005), 공병호의 10대를 위한 자기 경영노트, 주니어김영사

선다 싱 상마(2007), 선종옥 역, 목표를 향해 달려라, 글로리아

브라이언 트레이시(2003), 정범진 역, 목표 그 성취의 기술, 김영사

유성은(2007), 목표관리와 자아실현, 중앙경제평론사

강인선(2007), 하버드 스타일, 웅진지식하우스

마크 포스터(2008), 형선호 역, 시간관리? 인생관리!, 중앙경제평론사

문요한(2007), 굿바이 게으름, 더난출판사

무굴 판댜, 로비 셸(2012), 신문영 역, 세상을 변화시킨 리더들의 힘, 럭스미디어

존 맥케인, 마크 솔터(2006), 윤미나 역, 인격이 운명이다, 21세기북스

전광(2003), 백악관을 기도실로 만든 대통령 링컨, 생명의말씀사

레스 T. 쏘르바(2007), 박종윤 역, 신뢰, 베이스캠프

나폴레온 힐(2015), 김정수 편역, 나폴레온 힐 성공의 법칙, 중앙경제평론사

존 맥스웰(2003), 조영희 역, 생각의 법칙 10+1, 청림출판

최인철(2007), 프레임, 21세기북스

정민(2006), 다산선생 지식경영법, 김영사

도널드 R. 키오(2009), 김원옥 역, 실패하는 사람들의 10가지 습관, 더난출판사